技工院校公共基础课程教材

CONG JIGONG YUANXIAO ZOUCHU DE LAOMO GONGJIANG

从技工院校走出的劳模工匠

主　编：李　珂　李悦群

副主编：王　菲　汪星余

中国劳动社会保障出版社

图书在版编目（CIP）数据

从技工院校走出的劳模工匠 / 李珂，李悦群主编. 北京：中国劳动社会保障出版社，2025. --（技工院校公共基础课程教材）. -- ISBN 978-7-5167-7033-7

Ⅰ. K820.7

中国国家版本馆 CIP 数据核字第 2025UG3088 号

中国劳动社会保障出版社出版发行

（北京市惠新东街 1 号　邮政编码：100029）

*

北京华联印刷有限公司印刷装订　　　新华书店经销

787 毫米 ×1092 毫米　16 开本　7 印张　128 千字

2025 年 7 月第 1 版　　2025 年 8 月第 2 次印刷

定价：19.00 元

营销中心电话：400-606-6496

出版社网址：https://www.class.com.cn

https://jg.class.com.cn

目 录

绪　言

“技术工人队伍是支撑中国制造、中国创造的重要力量”“培养更多高素质技术技能人才、能工巧匠、大国工匠”“大力发展技工教育，大规模开展职业技能培训，加快培养大批高素质劳动者和技术技能人才”……党的十八大以来，习近平总书记十分关心高技能人才队伍建设，并给予高度评价。他鼓励广大青年走技能成才、技能报国之路，为强国建设和民族复兴伟业提供强有力的人才保障与技能支撑。

这是一个技能人才大有可为、梦想成真的时代。在中国这片文明古老又充满生机活力的土地上，无数劳动者用双手与智慧书写技能传奇。新时代以来，在强国建设、民族复兴的新征程上，涌现出了一大批胸怀实业报国、制造强国理想的技能劳动者。他们既是熟练运用先进生产工具的实践者，也是驾驭数字劳动的创新先锋，他们将技术技能融入每一道工序、每一个零件、每一次试验中。他们之中，既有成为爱岗敬业、争创一流，艰苦奋斗、勇于创新，淡泊名利、甘于奉献的劳动模范，也有执着专注、精益求精、一丝不苟、追求卓越的大国工匠。正是他们持之以恒的奋斗，用技术技能书写了青春华章，托举起了国家和民族的梦想。

这是一个技术技能变革奔涌、技能人才群星闪耀的时代。从技工院校走出的劳模工匠，用所学的“看家本领”诠释了技术技能蕴含的巨大魅力。焊接大师高凤林，在焊花飞溅中为火箭“焊心”、为民族筑梦；缔造“太空之吻”的王曙群，用三十余年的坚守，诠释“毫厘之间定乾坤”；大国重器锻造者刘伯鸣，扎根车间摘取中国核电技术的璀璨明珠；“滴水掘金”的潘从明，以 99.99% 的精度要求，成为贵金属冶炼行业的领跑者；“阿尔伯特·维达奖”获得者宋彪，让对中国技能人才的喝彩响彻世界技能大赛的赛场……从技工院校的校园出发，他们一路披荆斩棘、勇攀高峰，最终站上了技能之巅。他们以奋斗磨炼技艺、以劳动开创未来，成为劳模精神、劳动精神、工匠精神的践行者与传承者。

这是一个技能宝贵、舞台精彩的时代。党的二十大提出，加快建设包括大国工匠、高技能人才在内的国家战略人才力量；党的二十届三中全会进一步强调“着力培养造就卓越工程师、大国工匠、高技能人才”。伴随着《关于加强新时代高技能人才队伍建设的意见》《中共中央 国务院关于深化产业工人队伍建设改革的意见》等一系列政策文件陆续出台，以世界技能大赛为引领、中华人民共和国职业技能大赛为龙头、全国行业职业技能竞赛和地方各级职业技能竞赛以及专项赛为主体、企业和院校职业技能比赛为基础的具有中国特色的职业技能竞赛体系日益完善。职业技能竞赛在技能人才队伍建设中的“指挥棒”作用日益凸显，许多技工院校学子通过比赛成为企业技术革新骨干和领军人物。在技行天下、能动未来的新时代，技术技能水平有多高，人生的舞台就有多大，高技能人才迎来了职业发展的黄金时代。

平凡岗位不是职业的终点，而是技术技能提升的起点；生产车间不仅是工作空间，更是孕育未来劳模工匠的摇篮。在新质生产力快速发展、产业加速迭代升级的背景下，走在产教融合前沿的技工院校必将迎来更广阔的发展空间。

新征程上，我们比历史上任何时候都更需要高技能人才。愿广大青年学子以从技工院校走出的劳模工匠为榜样，品读匠人、匠心、匠魂，内化于心、外化于行，争做劳模工匠之光的追光者、技能高峰的攀登者、伟大时代的奋斗者。以技能照亮美好前程，走好新时代技能成才、技能报国之路，在推进强国建设、民族复兴伟业中彰显技能风采、贡献技能力量，奋力书写为中国式现代化挺膺担当的技能篇章！

高凤林：以大国匠心焊就火箭之『心』

摘星之旅

1996 年，荣获国家科学技术进步奖二等奖。

1997 年，荣获“全国十大能工巧匠”称号。

2004 年，荣获中华技能大奖。

2006 年，被评为中国高技能人才楷模。

2007 年，荣获全国五一劳动奖章。

2015 年，被授予全国劳动模范称号。

2016 年，荣获第二届中国质量奖。

2017 年，被授予全国道德模范荣誉称号。

2019 年，被评为 2018 年“大国工匠年度人物”。

2019 年，被授予“最美奋斗者”称号。

2023 年，荣获国家科学技术进步奖二等奖。

高凤林

- 1962 年 3 月出生
- 毕业于首都机械厂技工学校
- 中国航天科技集团有限公司第一研究院首都航天机械有限公司航天特种熔融焊接工、“高凤林班组”班组长，首席技师，中华全国总工会兼职副主席他是航天特种熔融焊接工，毫米级的焊接宽度、毫秒级的焊接时间，是他要完成的日常工作。他多次投身国家重大项目，亲手焊接了长征三号运载火箭、长征五号运载火箭的首台液氢液氧发动机（被誉为火箭的“心脏”）。他扎根一线40多年，攻克了火箭发动机焊接领域的多项世界级技术难题，填补了中国在这一技术领域的空白，为月球探测、火星探测、载人航天和空间站建设等国家重大任务的顺利实施作出了突出贡献。寒来暑往，焊花筑梦，他就是被誉为“金手天焊”的大国工匠——高凤林。

同学们，高凤林是怎样立下航天报国志向的？他是怎么打破那么多技术垄断，成为焊接界的世界级高手的？获得了那么多荣誉后他为什么不离开焊工岗位呢？让我们走进高凤林的故事，从中寻找答案吧！

初心驱动勤学苦练，技能成才逐梦航天

高凤林的航天梦想，在他8岁时就萌芽了。1970年，我国成功发射了第一颗人造地球卫星——东方红一号。这让每一个中国人都无比自豪和振奋。高凤林心里冒出一个疑问：“卫星是怎么发射上天的?”这让他对航天事业充满了好奇。

初中毕业后，怀揣航天梦想的高凤林，报考了首都机械厂技工学校。在技工学校的学习经历，让他对航天有了初步了解。特别是在火箭发动机车间实习时，焊接工段长、新中国第一代氩弧焊工，向实习生们讲述了我国航天事业艰难的创业历程。这给高凤林留下了深刻印象，使他体会到焊工工作既艰辛又伟大。

1980年，高凤林毕业，被分配到国营211厂。他非常珍惜在火箭发动机车间工作的机会，开始跟着我国第一代氩弧焊工学习技艺。从技工学校的优秀毕业生，到技术工人队伍中的一员，高凤林经历了艰辛磨砺。

为了练好基本功，高凤林虚心向多位经验丰富的师傅、同事求教，刻苦练习焊接技术。即使在日常生活中，他也不忘模拟焊接过程：吃饭时，用筷子模拟送丝的动作；喝水时，端着盛满水的缸子长时间练习手的稳定性；休

息时，高举铁块或捆绑沙袋增强肌肉耐力。他还曾冒着高温，透过蒸汽长时间观察铁水流动规律。

勤奋好学、师出多位名师的高凤林，很快成了厂里青年技术工人中的佼佼者。参加工作短短3年，他就荣立211厂“331工程”三等功，是车间唯一的青年获奖者。

匠心思维放大镜

高凤林在生活中常模拟焊接，就像人们说的“拳不离手，曲不离口”。练武要常练习拳法，唱歌要常练曲儿，持之以恒就能熟能生巧。你有过类似的经历吗？

攻克多项技术难关，为大国重器“焊”就不凡

凭借精湛的焊接技术，21岁的高凤林被选中参与长征三号运载火箭发动机燃烧室的研制。新型大推力氢氧发动机大喷管的焊接一度成为研制瓶颈，大喷管壁厚只有0.33毫米，焊枪多停留0.1秒，就有可能把管子烧穿或者焊漏。在首台大喷管的焊接过程中，高凤林连续奋战数月，经常昼夜不息。他深入分析材料性能和大喷管结构特点，凭借高超的技艺，成功攻克了烧穿和焊漏两大难题，大幅提升了我国火箭的运载能力。

2007年，长征五号运载火箭发动机内壁在试车时出现烧蚀，现场专家焦

急地向高凤林求援。高凤林火速赶往事故现场，发现操作环境极其危险：操作台 10 米开外就是易燃易爆的大型液氢储罐，脚下则是几十米深的山涧。更棘手的是，故障点非常隐蔽，操作空间仅能容下一只手臂。高凤林屏住呼吸，凭借丰富的经验，近乎“盲焊”地进行操作。终于，他克服重重困难，抢修成功。发动机总工程师擦去额头的冷汗，对高凤林竖起大拇指，称赞他是“金手天焊”。

此后，高凤林继续刻苦钻研，大胆创新，提出并创造了多层快速连续堆焊加机械导热等新工艺方法，创新了 200 多项航天焊接技术，攻克了一系列火箭发动机焊接技术世界级难关，高标准完成了多种运载火箭重要部件的焊接任务。因此，他被誉为“中国火箭‘心脏’焊接第一人”。

匠心思维放大镜

成为一名高技能人才不仅要懂理论、会操作，更要在实践中积累经验。从高凤林在危险环境中完成“盲焊”的经历中，你得到了什么启发？

技术万花筒

火箭的“心脏”——火箭发动机

在中国古代，人们把一种头部带有易燃物、点燃后能射向敌方、飞行时带火的箭称为火箭。而我们现在所说的“火箭”，通常是指带有燃料和氧化剂，以火箭发动机为动力装置，既能在大气层内飞行，也能在太空（没有空气的大气层外）飞行的飞行器。

火箭发动机是为火箭提供能量来源的核心动力部分，堪称火箭的“心脏”。它的主要任务是产生巨大的推力，使火箭摆脱地球引力，飞向太空。

火箭发动机的内部结构精密，不同型号的发动机之间结构和尺寸存在很大差异。因此，大部分火箭发动机的制造都需要采用手工或半自动焊接技术。火箭发动机喷管的拼装焊接要求极高，任何一个漏点，在火箭升空的过程中都可能引发毁灭性的爆炸。所以，航天领域的焊工必须具备高超的技术，每一个焊接点都需要经过缜密的思考和精湛的技艺才能完成。

关关难过关关过，前路漫漫亦灿灿

在高凤林的手中，焊枪是针，弧光是线，他追寻着焊光，在火箭发动机的“金缕玉衣”上焊出了一片天地。

年轻的时候，高凤林总是追着难题跑，一心想解决最棘手的问题。到了职业生涯的后半程，难题却开始追着他跑。航天系统内外各单位，一旦遇到解决不了的焊接难题，总会想到向他请教。有一次，诺贝尔奖得主物理学家丁肇中就暗物质与反物质探测器项目中的制造难题，向高凤林寻求帮助。高凤林赶到现场进行了基础性调研和考证，提出了全新的设计方案，最终这一方案得到了相关国际联盟的认可。

谈到创新之道，高凤林认为，技术工人要培养问题意识，养成“寻找问题、思考问题、解决问题”的思维习惯和行动自觉，成为能够攻坚克难、勇往直前的“尖兵”。

“关关难过关关过，前路漫漫亦灿灿。”一次次超越创新、一次次突破极限，高凤林的焊接技艺不断提升，工作能力也日益增强。两次荣获国家科学技术进步奖二等奖，让高凤林倍感荣耀，也更加坚定了他前行的目标。

匠心思维放大镜

技能人才创新创造的基础是培养问题意识。问题意识就是人们在认识活动中，经常能发现难题或疑惑，并产生探索的心理。这种心理使人积极思考，不断提出并解决问题。你在学习和生活中有问题意识吗？你觉得应该怎样培养这种问题意识呢？

如今，高凤林正带领团队攻克新技术难关，致力于重型火箭、新一代载人登月火箭等火箭发动机焊接技术的研制工作，为加快建设航天强国贡献力量。

劳模工匠说

事业如天般宏大，技能似地般坚实。我们应崇尚技术，勇于挑战极限，不断突破自我。

虽然工作岗位各不相同，发挥的作用也有所差异，但每一种岗位都有其独特的价值。舞台上有聚光灯下的主角，也有幕后默默付出的英雄。只要我们心中时刻装着国家，无论身处何种岗位，都是光荣的，都能为国家的发展贡献力量。

理论是实践的指南，没有理论支撑的实践，很难达到高端水平；实践是理论的源泉，没有实践检验的理论，也难以长久发展。只有将理论与实践紧密结合，我们才能在职业道路上不断前进。

——高凤林

李静：在景泰蓝中创造艺术之美

李　静

- 1962 年 11 月出生
- 毕业于北京市珐琅厂技工学校
- 中国工艺美术大师、北京市特级工艺美术大师，北京市级非物质文化遗产项目代表性传承人，高级技师

摘星之旅

2021 年，被评为“北京大工匠”。

2022 年，荣获中国工艺美术大师称号。

她将传统景泰蓝艺术与现代审美巧妙融合，在北京雁栖湖国际会议中心、澳门保利美高梅博物馆的斗拱景泰蓝装饰等项目中，创造出许多兼具古典唯美与现代文化艺术气息的图案；她在景泰蓝色彩的运用和把握上有自己独到的见解，为每一幅图案搭配清新雅致或瑰丽浓郁的色彩，为这一古老艺术形式注入了新的活力。她的作品多次荣获国家级和省部级金奖，其中《盛世欢歌》景泰蓝瓶被收藏在联合国日内瓦总部内；多件作品被作为国礼赠送给外国领导人。她就是在景泰蓝艺术领域独树一帜的工艺大师——李静。

同学们，景泰蓝工艺有什么样的魅力？李静是如何选择并执着于这门技艺的？她又是如何找到创作灵感的？让我们走进李静的故事，从中寻找答案吧！

因为喜欢且热爱，所以追求且坚持

北京市珐琅厂门口矗立着一尊两米多高的景泰蓝作品，初看或许并不起眼，但细赏之下，却令人叹为观止。花鸟纹路栩栩如生，比传统的山水画更添了几分真实与生动。而且，这件作品全部以铜胎打造，更显珍贵独特。

李静与景泰蓝的缘分开始于 1978 年。她从小就喜欢美术，初中毕业后直接报考了北京市珐琅厂技工学校。当时报考的有 300 多人，但最后只录取了 31 人，其中 25 名男生、6 名女生，李静是其中之一。然而，由于各种原因，大多数人后来都离开了工厂，甚至离开了这个行业。

从业 40 多年来，李静对景泰蓝没有一丝厌倦，反而越来越喜欢。李静动情地说："因为对景泰蓝图案心生好奇，怀揣学习专业美术的求知欲，更想探索景泰蓝技艺的神奇变化，我便走上了这条道路。时至今日，仍在不断学习和探索，无怨无悔。一旦进入这个领域，完成一件作品，那种成就感无以言表。我衷心希望，能有更多传承人脚踏实地做人，认认真真

匠心思维放大镜

李静因为热爱而选择了景泰蓝艺术，在你的学习和生活中，有没有类似因为热爱而坚持不懈的经历？

学艺。”

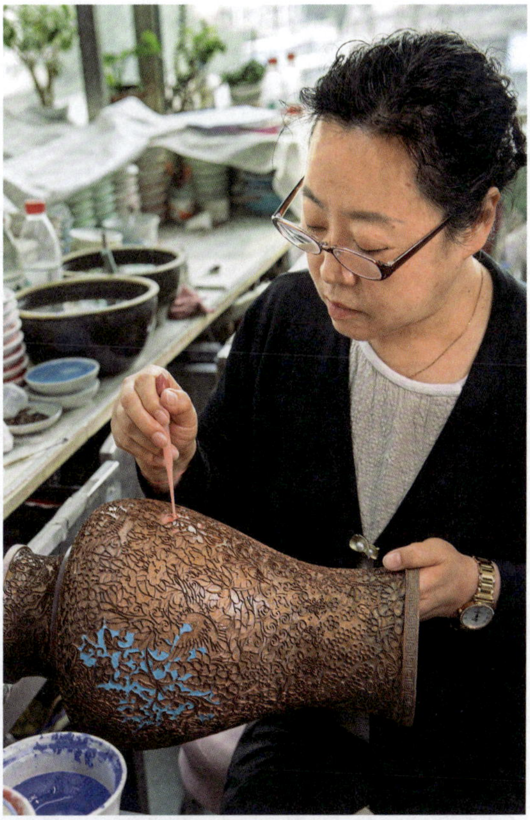

“首先，自己要喜欢。只有喜欢，才会去想我怎么把这件事做好，怎样把作品做得更完美。”进入珐琅厂工作后，李静把在技工学校所学的知识和技能运用在景泰蓝的制作中，将中国工笔花鸟画、山水画、人物画里的传统图案、色彩、造型和点蓝技能结合起来。她热衷于探索配色方案，经常为师傅提供作品微调的建议。在配色时，李静特别注重釉料的种类与特点，并根据这些特性，精心设计图案和色彩搭配。通过亲手调配釉彩，她能把花朵的翻转折叠、树叶的老嫩变化等自然细节，以层次丰富的色彩完美呈现出来。在过去的景泰蓝作品中，花朵的颜色几乎只有黄和粉两种，但李静将颜色调整为黄、冷黄、杏黄、浅棕黄、深棕黄等多种层次，让景泰蓝作品有了独特的时间感和光感。

学习之路永无止境。随着工作经验的积累，李静越发觉得自己专业知识有所欠缺。2019 年，57 岁的她进入北京经济管理职业学院珠宝学院，开启了边上班边学习的生活——白天工作，晚上上学。她充分利用空余时间，认真完成每一科作业，并且每一幅专业绘画作业都得到了老师的高度评价。2022 年，李静荣获中国工艺美术大师称号，并顺利毕业。她认为，成长的过程就如同海绵一般，需要随时汲取专业知识的养分。

技术万花筒

景泰蓝工艺

景泰蓝又称“掐丝珐琅”，是中国传统手工艺中的瑰宝。它起源于元代，发展于明代景泰年间，因为色彩丰富、工艺精湛而著称。景泰蓝的制作过程极为复杂，需要经过制胎、掐丝、焊接、点蓝、烧蓝、磨光和镀金等多道工序。制作完成的景泰蓝作品色彩鲜艳、光泽亮丽，图案精美、线条流畅，充满了浓郁的民族特色和艺术韵味。

景泰蓝不仅适合作为室内装饰，也很受收藏家的喜爱。如今，景泰蓝工艺得到了很好的传承和发展，许多非物质文化遗产传承人正在将这门古老的手工艺发扬光大。同时，也有越来越多的现代艺术家将现代设计理念融入景泰蓝制作中，让它焕发出了新的生机与活力。

大自然是最好的老师

匠心思维放大镜

李静的创作灵感主要来源于大自然，这对你有何启示？你应如何训练自己敏锐的观察力，以便及时捕捉并记录下灵感？

李静的创作灵感主要来自对大自然的深刻体验与敏锐观察。她经常一个人四处游走，边观察边写生。四季的更迭、植物的生长与凋零，这些看似平常的自然现象，在她眼中却充满了无尽的魅力。“开春时，我带着画册出去，观察牡丹芽子、玉兰花的花苞，从它们刚开始生长的状态画起，一直画到枝繁叶茂、鲜花盛开。春天，草长莺飞；到了冬天，雪花飞舞，大地银装素裹。我感受着植物在四个季节的不同变化，并仔细地把这些变化记录下来。这些素材成为我创作时最好的灵感来源，也让我对创作有了更深的理解和认知。”李静回忆道。

在一次创作中，一位来自中国香港的客户提出了一系列很有挑战性的设计要求。他要求在4种不同高度的瓶子上，绘制出7条蛇、66头鹿、77

头牛和88匹马。作品的主色调定为红色、白色和黄色，并且要求图案中不能出现水、鱼、鸟、树、龙、凤这些元素。此外，配色上还排除了黑、绿、蓝三种颜色。其中，牛的绘制成为了创作的难点之一，因为牛的形态相对呆萌，姿态变化不多。要在同一件作品中展现不重复的牛的动作姿态，确实是个挑战。她回想起自己曾经去过一座名山，那里有一群悠然自得的牛给她留下了深刻印象，而且她还曾用相机捕捉下了那些牛慵懒吃草、悠闲行走的瞬间。于是，这些照片成了她创作的灵感来源，帮助她攻克了难关。最终，她成功完成了这一系列作品，赢得了客户的高度赞誉。

把一件事认认真真做好，不对付也不应付

“我觉得就是要活出自己的价值，把一件事认认真真做好，不对付也不应付。每一件景泰蓝作品都是有生命的，让它的生命有光彩就需要我们有一丝不苟的工匠精神。这样才能不断延续景泰蓝技艺的魅力和精彩。”李静在创作中不断探索新的表现手法和元素，努力让作品贴近现代人的审美需求。她解决了人物题材制作中五官易错位的技术难题，使景泰蓝作品更加栩栩如生。除了景泰蓝，她还广泛研究漆器、瓷器、牙雕、玉器等多种传统工艺，从中汲取灵感，不断拓宽自己的艺术视野。她深入挖掘传统技艺的精华，巧妙地将其融入现代装饰设计中。这样，景泰蓝既保留了传统韵味，又增添了时尚元素，焕发出了新的生命力。

匠心思维放大镜

李静通过涉猎多种传统技艺，拓宽了自己的知识和视野。你认为跨领域学习对个人成长有何重要意义？

匠心思维放大镜

你是否了解你所在地区的非物质文化遗产传统技艺？你认为应该如何通过志愿服务、社交媒体等方式来宣传和推广非物质文化遗产传统技艺？

李静还积极参与非物质文化遗产传统技艺的宣传和推广。在人民大会堂和故宫御花园，她为“一带一路”国际合作高峰论坛的贵宾展示景泰蓝技艺；在外交部主办的新春招待会上，她向外国大使展现景泰蓝的独特魅力；她还多次参加非物质文化遗产展览活动，为国内外学生介绍景泰蓝的制作过程；她也多次走进高校，讲述景泰蓝的文化内涵。

“多年来，我在设计阶段一直坚持多考虑后续制作中可能出现的问题。比如，在造型设计上追求作品的完整性，在掐丝环节尽量减少剪断铜丝的次数，在点蓝工序中尽量保持釉料的软硬程度适中。这些经验都是一点点积累起来的。”40多年的认真耕耘使其收获颇丰。李静的作品屡次荣获国内大赛的金奖，并被选为国礼登上世界舞台。李静用自己的实际行动，表达着对景泰蓝艺术的执着追求和对中华优秀传统文化的传承和创新。

劳模工匠说

不要认为自己只是一名普通的手艺人，我们可以发挥自身的智慧，激发灵感，去创作、制造出美的艺术品，让这个世界变得五彩缤纷、璀璨绚烂。

我们是美的使者，也是美的传递者。我们要把作品中的美好寓意与祝福，传递到千家万户，在工艺美术的发展道路上留下坚实的足迹，无愧于自己的初心。

——李静

耿家盛：

一把车刀，一生追求

摘星之旅

2004 年，荣获全国五一劳动奖章。

2004 年，被授予“全国技术能手”称号。

2005 年，被授予全国劳动模范称号。

2015 年，被授予全国道德模范提名奖。

2016 年，被授予“全国优秀共产党员”称号。

2018 年，荣获中华技能大奖。

耿家盛

- 1963 年 10 月出生
- 毕业于云南省机械工业局机床技工学校
- 云南冶金昆明重工有限公司首席技师、正高级工程师他以非凡技艺，精心雕琢每一把车刀；凭借跨界创新的胆识和魄力，引领企业转型升级。他不仅是技艺的传承者，更是精神的引领者。他培养出一批批技艺精湛、心怀敬畏的年轻工匠，为行业的繁荣发展注入了新的活力与希望。他就是以车刀丈量中国制造深度的时代匠人——耿家盛。

同学们，耿家盛是怎么做到让一把普通的车刀，经过千百次的打磨，焕发出耀眼的光芒？在平凡的岗位上，我们应该怎么用双手创造出不一样的价值呢？让我们走进耿家盛的故事，从中寻找答案吧！

“磨”出来的精益求精

“这把刀就是当年师傅教我磨的那一把，也是我一生中磨得最好的一把。这把刀很有纪念意义，一头是我师傅磨的，另外一头是我自己磨的。”耿家盛每次给新徒弟授课时，都会展示那把陪伴他整个职业生涯的双头车刀。“当年师傅示范了一遍要领，磨好一头后，就拿出一大筐废刀让我练。我每天磨五六个小时。”耿家盛说，他足足磨了一周，才磨出了这把“出师的刀”。

耿家盛出生在技术工人家庭，1982 年从技工学校毕业后，走上了油漆工岗位。两年后，他被调到昆明重型机器厂，转行成了车工，从此与磨刀结下了不解之缘。“车工就靠‘一把刀’。刀好，活儿就不会差。”对耿家盛来说，

车工的工作，简单理解就是磨刀，往难里说是磨好刀。而这样的好车刀，往往需要手工在飞速旋转、每分钟可达 3 000 转的砂轮机上精心打磨。耿家盛的工作效率比普通车工高出三四倍，一个月最少能磨三五把刀，多的时候能有二十把。“好的车工要因材施刀，”耿家盛说，“车工要根据不同工件的材质、参数，

选好刀、用好刀，甚至还要发明新刀。”这也是他超越常人的地方。

匠心思维放大镜

在学习过程中，你有没有遇到过类似需要反复练习才能掌握的技能？你是如何练好这些技能的？

通过无数次的磨刀实践，耿家盛对车刀的角度和材质有了更深刻的理解，这为他日后改造车刀、改进工艺打下了坚实的基础。“技术就是经验的积累，”耿家盛说，“我们必须在不断学习的过程中提高自己。”善于钻研的他，几乎每年都有一两项技术改进或技术创新。他自创的螺纹加工快速返程法，为企业创造了数百万元的产值。另外，耿家盛还改进了塔吊塔节的加工工艺，使公司塔吊的生产产能提高了三四倍。

技术万花筒

磨　刀

在车工的日常工作中，磨刀是一项必不可少的任务。这项任务要求车工具有丰富的经验和精湛的技艺。磨刀时，车工先要根据刀具的材质和所需的锋利程度，选择合适的磨料和磨具。接着，把刀具以一定的角度固定在磨刀设备上，保证刃口和磨料均匀接触。然后，车工通过均匀、稳定的磨削动作，慢慢去掉刃口的钝化部分，直到刃口变得锋利又均匀。在磨刀过程中，车工还要精准控制刃口的角度和形状，以满足不同的加工需求和适应各种材料特性。值得注意的是，磨刀时安全也很重要。车工必须佩戴适当的防护装备，如防护眼镜、手套等，以防止飞溅的火花和金属屑伤人。

“闯”出来的跨界创新

2016年，昆明重工有限公司计划把生产移动式生态环保厕所作为企业转型的突破口。耿家盛担任了研发小组组长，但他面临着两大挑战：一是从熟悉的机械制造领域转到陌生的环保厕所行业，几乎成了外行；二是手里只有一张原理图，没有详细的设计图纸。为了啃下这块“硬骨头”，耿家盛带领团队从头开始，查阅了大量资料，向专家请教，夜以继日地钻研。“很多技术

难题都得靠自己去突破，”耿家盛说，“我们熬了无数个通宵后，产品性能终于越来越稳定。”

经过3个多月的努力，耿家盛团队成功试制出了第一代环保厕所产品。这个厕所高3.5米、长3.2米，设有双厕位，获得了云南省创新创意成果奖金奖。2017年，团队研发的环保厕所开始规模化生产，成了企业发展的重大项目。耿家盛自豪地说：“我们的第四代产品，每天可以满足400多人次使用。”

“我感触最深的就是他不怕苦、不怕脏。”同事说起耿家盛都赞不绝口。研究环保厕所时，经常需要把粪便掏出来做实验，检测菌群的情况。年轻人刚开始都不敢掏，但耿家盛却亲手操作。耿家盛这种孜孜不倦、深入钻研的精神，深深感染了周围同事，也极大激发了年轻人勇于实践、乐于创新的热情。

匠心思维放大镜

在你的专业领域内，你认为有哪些创新的可能性？你是否愿意尝试跨领域学习，以拓宽自己的视野和技能？

耿家盛在亲手掏粪便做实验时，展现出了怎样的精神品质？这种品质对你有什么启发？

“守”出来的匠心传承

耿家盛一直致力于促进年轻员工的快速成长和技艺传承。他平均每年指导7名以上徒弟，先后培养了20多名来自技工院校和大专院校的学生，这些学生的专业涵盖了车、镗、铣、钻等多个工种。耿家盛深入了解每位徒弟的实际情况，为他们量身定制培训计划。在理论学习上，他耐心细致地讲解专业知识，确保每位徒弟都能扎实掌握。在实践操作上，他亲力亲为，手把手示范每一个步骤，让徒弟们准确掌握技能要领。短短3个月，他的徒弟就基本能独立承担工作任务。其中，众多徒弟已成长为生产骨干，更有佼佼者荣获了“云岭技能大师”“云岭工匠”等荣誉称号，为企业的生产和发展注入了新的活力。

耿家盛深知，技术的传承不仅是技能的传授，更是责任与使命的延续。他不仅毫无保留地将绝招儿、绝技、绝活儿传给徒弟，还注重培养他们踏实做事的态度和爱岗敬业的精神。他常说：“劳动是立身立业的根本，丢不得；集体是个人价值的源泉，离不得。”

外界给了耿家盛很多美誉，如车工“一把刀”“云岭刀客”等，但他本人更喜欢大家称他为“工匠”。在他看来，“工匠”代表着对工艺的极致追求，对细节的精心雕琢，还有一种不屈不挠的执着精神。这份精神，就是他一生所追求并践行的职业信念。

匠心思维放大镜

你是如何理解“劳动是立身立业的根本”这一观点的？在你的学习和生活中，劳动扮演了怎样的角色？

读完耿家盛的故事，你对工匠精神的理解和感悟是什么？

劳模工匠说

有时候，我们无法选择自己的工作；有时候，你所从事的工作并不是你理想的工作。但是，在无法选择工作的情况下，我们可以选择对待工作的态度。要想在工作上取得成绩，在事业上有所成就，实现人生的价值，就要有一种认真负责的工作态度，有一种勤劳扎实的工作作风，还要有一种对待工作高度敬业的精神。这样，平凡无奇的工作也能变得多姿多彩，我们也能拥有美丽的人生。

——耿家盛

徐立平：火药为墨，锋刀为笔，书写航天华章

徐立平

- 1968 年 10 月出生
- 毕业于陕西第一航天技工学校
- 中国航天科技集团有限公司第四研究院 7416 厂航天发动机固体燃料药面整形组组长，首席技师

摘星之旅

2012 年，被授予“全国技术能手”称号。

2016 年，荣获全国五一劳动奖章。

2016 年，荣获中华技能大奖。

2017 年，被授予“时代楷模”称号。

2019 年，被授予“最美奋斗者”称号。

2019 年，被授予全国道德模范提名奖。

2021 年，被授予全国道德模范提名奖。

2022 年，被评为 2021 年“大国工匠年度人物”。

2025 年，被授予全国劳动模范称号。

一把刀，雕刻火药40余载，将一件件大国利器送入云霄，谱写了航天事业的壮丽史诗。在叩问苍穹的飞天梦里，凝聚着他数十年如一日的坚守和拼搏。他以火药为墨、锋刀为笔，每一次的精雕细刻，都是对航天梦想的无限热爱和无悔付出。他不惧危险、无私奉献，激励着一代又一代航天人接续奋斗，为实现中华民族的航天梦而不懈拼搏。他就是雕刻火药、为国铸剑的航天首席技师——徐立平。

同学们，徐立平为什么要选择这么危险的“火药雕刻师”工作？是什么让他坚持下来的？他能做到那么厉害，有没有什么特别的秘诀或者故事想和我们分享？让我们走进徐立平的故事，从中寻找答案吧！

再危险的工作也得有人去干

固体燃料药面整形是固体火箭发动机千余道制造工序中，操作难度最高、危险系数最大的工序之一。再精密的机械也无法完全替代手工操作。徐立平的工作，就是用特制刀具，对已经浇注并固化好的推进剂（固体燃料）药面进行精细修整，去除多余的燃料，以达到设计要求的型面。药面整形的过程是不可逆的，对精度有着极高的要求。在这个过程中，不能修补打磨，也不能产生一丝静电和火花。每一刀都不允许有任何差池，否则就可能引起剧烈燃烧甚至爆炸。锋刀在固体燃料上削切，就像在刀尖上跳舞，每一刀都关乎生死。

徐立平的父母是我国航天固体火箭发动机生产基地最早的一批员工。徐立平从小耳濡目染，对航天事业充满了热情和向往。虽然父母

匠心思维放大镜

你是否从家庭成员那里获得过关于职业选择的建议？这些建议是如何影响你的决定的？你是否会因为国家需要而选择一个危险的职业？

深知雕刻火药的危险性，但他们仍然支持和鼓励他，说："年轻人应该有意愿去最危险的岗位，国家哪里有需要就应该出现在哪里。"1987 年，19 岁的徐立平从陕西第一航天技工学校毕业后，义无反顾地选择了令人望而生畏的工作，成为了一名"火药雕刻师"。

1989 年，一台国家重点型号发动机在试车前出现脱粘。当时，年仅 21 岁的徐立平主动请缨，加入突击队，负责将发动机内装填在故障部位的火药就地挖出。徐立平和队友们轮流钻入狭小的发动机内部，忍受着浓烈刺鼻的火药味儿，半跪半躺，小心翼翼地一点点抠挖。为防止用力过大造成强摩擦，他们每次最多挖四五克火药。经过近 3 个月的奋战，徐立平和队友们共挖出了 200 多千克火药，最终成功找到了故障原因，确保了国家重点战略型号发动机的研制计划顺利进行。

技术万花筒

固体燃料药面整形

固体火箭发动机堪称固体火箭的"心脏"。其中，固体燃料药面整形是发动机制造过程中的一项精密工艺，具有极高的技术难度和风险。这项工艺需要使用特制的刀具，通过精准的下刀、使力、推刀、收力等一系列操作，对已经浇注固化好的药面进行精细修整。由于固体火药有很强的韧性，且含有粗糙的颗粒，用刀时力道很难把握。一刀切下去，药面很难保持平整。一旦切多了，或者留下刀痕，药面精度就会与设计不符。如果出现这种情况，发动机点火之后，火药就可能无法按照预定走向燃烧，导致火箭偏离轨道，甚至发生爆炸。因此，整形过程需要严格的控制和精细的操作。

精益求精是坚持，更是创新

徐立平为了练好刀功，从最基本的技能学起：磨刀、拿刀、推刀、铲药、找平。每天工作之余，他都把空余时间用在练习上，磨刀、粗整形、细整形，反复揣摩刀具切削量、切削角度、切削力度。他说："0.5 毫米，这是固体火箭发动机药面精度允许的最大误差，而我整形的精度，能控制在0.2 毫米以内，还没有两张 A4 纸厚。"经过日复一日的坚持，他练就了一身绝活儿。现在，徐立平仅凭手感"盲操作"，就能准确判断药面精度是否合格。他整形过的产品，保持了 100% 的合格率。

匠心思维放大镜

100% 的合格率背后，徐立平付出了哪些努力？这对你有什么启发？

徐立平的创新思路从哪里来，又是如何实现的？想一想，在学习过程中，你应如何培养自己的创新思维和创新能力？

"要是能把人与操作分开就好了。"这个想法一直萦绕在徐立平的脑海里。随着数字技术日益成熟，他提出了远距离数控整形的思路。虽然他没有编程基础，但却带头主动学习数控整形机的操作控制知识，并承担起了最核心的整形程序编制任务。白天，他蹲在数控整形机旁边，一边测量一边琢磨；晚上，他通宵达旦地画图、计算。就这样，徐立平用了一个多月的时间，完成了某型号发动机所有整形参数的编写，还针对其特殊的型面，设计出了专用刀具。在徐立平的带领下，班组先后申请专利 50 余项，设计、制作和改进了 30 余种刀具。2016 年，他以水果削皮机为灵感，设计出了半自动整形专用刀具，这个刀具被命名为"立平刀"，他也被大家亲切地称为 60 后"创新达人"。

自豪感是任何东西都换不来的

徐立平善于思考工作要领、总结工作经验，他把掌握的绝活儿绝技、技术成果整理成册，编写了十多本员工培训教材。除了安全细致干好工作，他更关心的是让年轻人以更快的速度成长为技术骨干，为中国制造培养更多的大国工匠。截至 2024 年，依托徐立平技能大师工作室，已累计培养高技能人才 30 余名。

在庆祝中华人民共和国成立 70 周年阅兵仪式上，徐立平看到自己曾经亲手加工过的大国重器缓缓驶过天安门，几次激动落泪。他心中的成就感和自豪感油然而生，所有的付出和艰辛在这一刻都得到了回报。他说："干我们这行，要有为国家奉献的精神，我们追求的就是这个。"作为全国人民代表大会

匠心思维放大镜

什么样的信念让徐立平在枯燥又危险的岗位上坚持了这么多年？想一想，你应如何培养自己的职业素养和责任感，以应对未来的挑战？

代表，徐立平不忘初心、传承匠心，围绕航天强国建设、技能人才队伍建设等问题，积极为基层发声。他提出了许多建设性意见，这些意见得到了相关部门的重视和采纳。

择一事，终一生。只要是徐立平认定的事情，他就会一钻到底。他几十年坚守在岗位上，把个人梦和航天梦、强国梦紧密结合，持续为实现航天强国、制造强国的目标贡献自己的力量。

劳模工匠说

工匠精神不是与生俱来的天赋，而是在千万次重复中淬炼的专注，是以“坐得住冷板凳”的定力突破边界，在创新中传承“十年磨一剑”的坚韧。工匠的价值不仅在于技艺登峰，更在于点燃更多火种——每一次参数校准都是对使命的回应，每一颗螺钉的拧紧都是对信任的守护。

愿年轻的劳动者，以匠心为舟、以责任为楫，在浩瀚星海中镌刻出属于中国工匠的永恒坐标！

——徐立平

李凯军

在钳台上雕刻的技能大师

李凯军

- 1970 年 2 月出生
- 毕业于一汽技工学校
- 一汽铸造有限公司铸造模具设备厂模具制造车间装配钳工班班长、中国一汽首席技能大师，高级技师、正高级工程师

摘星之旅

2000 年，被授予“全国技术能手”称号。
2002 年，荣获中华技能大奖。
2003 年，荣获全国五一劳动奖章。
2006 年，被评为中国高技能人才楷模。
2010 年，被授予全国劳动模范称号。
2020 年，被评为 2019 年“大国工匠年度人物”。

为了保持手的稳定性，他20多年坚持滴酒不沾。为了掌握汽车模具的核心技术，他大胆创新，打造出“金字招牌”。模具之所以平滑光亮，是他细心雕琢的结果；制件精度分毫不差，是他不断创新的见证。如今，已经练就一手绝活儿的他，仍然常常手握锉刀反复练习，这既是一个匠人多年养成的习惯，也是他技艺精湛、本领高强的重要原因。八尺钳台是他展现人生价值的广阔舞台，从解放卡车的发动机侧盖板到红旗车的旗标，他将精湛工艺融入民族工业的宏伟大厦之中。他就是模具钳工——李凯军。

同学们，天天重复着抛光、研磨这些活儿，李凯军怎么能干得那么起劲儿呢？他是怎么把“产品如人品”这句话，一点点落实到工作中的呢？让我们走进李凯军的故事，从中寻找答案吧！

理论要通，操作要精

1970年，李凯军出生在全国著名的工业城市——吉林长春。那时候，长春有许多大大小小的工厂。李凯军从小就喜欢摆弄爸爸的工具箱，锤子、钳子、钢锯、扳手等都是他的“玩具”。他爱动手、有天赋，经常搞一些小“发明创造”。

1986年，李凯军初中毕业后，考入了一汽技工学校。他学习的是钳工专业，课程主要分为理论基础和实际操作两部分。老师要求学生懂理论、会操作，但李凯军给自己定了更高的目标：理论要通，操作要精。

从“懂”到“通”，从“会”到“精”，一字之差，却是境界的飞跃。为了达到自己定下的目标，李凯军在课堂上全神贯注，认真学习；放学后，也经常在实训室钻研技术。有一次，母亲看到他双手红肿皲裂，心疼得流下了眼泪。李凯军渐渐发现，钳工专业与他幼时的兴趣爱好非常契合。他越学越爱学，也越学越得心应手。

锉、錾、磨、刮，钻孔、抛光、调整……日复一日，他在反复练习中度过。时光匆匆流逝，他的技艺也突飞猛进。在技工学校3年的实操课上，李凯军每次都是全班第一名。他不仅掌握了机械原理和机械构造，还学会了学习方法，自己的技能也更上一层楼。

匠心思维放大镜

李凯军在技工学校学习期间就展现出了精益求精、追求卓越的品质。你如何理解他所说的“理论要通，操作要精”？在日常学习和生活中，你有过类似的体验吗？

技能赛事的常胜将军，国产技术的“金字招牌”

1989年，李凯军以优异的成绩从技工学校毕业，进入第一汽车制造厂（中国第一汽车集团有限公司的前身）当起了钳工。参加工作仅7个月，他就成了厂里的“名人”。他独立完成的CA141发动机盖板模具在验收时被评定为一等品。就连从业几十年的老师傅都认为“不好干”的活儿，李凯军却干得既精细又漂亮。此后，在各种技能大赛上，李凯军成了常胜将军。

然而，事业的发展并不像李凯军想象的那样一帆风顺。改革开放后，汽车产业作为我国的重要支柱产业，因为起步较晚、技术基础薄弱，面临着技术升级和与国际接轨的紧迫任务。那时，高精度模具主要依赖进口，严重制约了我国汽车产业的发展。李凯军深知，模具技术是汽车产业发展的关键，中国人一定要攻克这个难关，把高精度模具的技术掌握在自己手中。

匠心思维放大镜

产业发展水平越高，对工人技术技能的要求也越高；工人技术技能水平的提高，也可以提高生产效率和产品质量，推动产业的创新和发展。你如何理解我国汽车产业的发展与技能人才的关系？

2003年，李凯军所在的铸造模具设备厂接到了一项艰巨任务，要制作一套当时国内最大、最复杂的压铸模具。这套模具质量要求高，工艺极其复杂，而且时间紧迫。面对重重困难，李凯军迎难而上，经过仔细分析，他大胆创新了20多种操作方法。这些创新不仅成功解决了难题，还使工期缩短了一半。不久之后，这套模具在上海国际模具展览会上一鸣惊人，大批国内外模具制造商和采购商接踵而来。李凯军制作的创新模具还远销美国、西班牙、俄罗斯等国家。这位中国工匠也随之名传海外，成为一汽铸造有限公司拓展国际市场的一块“金字招牌”。

技术万花筒

钳台上的艺术品

在李凯军劳模工作室内摆放着一件“艺术品”：一只如乒乓球大小的钢制正十二面体，棱角分明、熠熠生辉，每个平面都如镜子般光洁平整；每一个角度、每一个平面的精度都在0.01毫米之内，相当于一根头发丝直径的六分之一。这是李凯军用自创的“指压寸动法”，从一个圆球纯手工锉削而成的。

这件艺术品几乎能代表钳工的最高水平。钳工从事的是机械制造业中最古老也是最重要的金属加工工作。钳工工作台的长度一般为2.5～3米，因此通常也被称为“八尺（2.67米）钳台”。钳工的基本功之一是锉削。立体加工是最考验钳工技术的，尤其是球形制件。球形制件工作面上没有任何参照系，既难找空间基准，又难以测量定位，机械和数控设备都无法进行加工。随着科技的进步，尽管机械能在较大程度上代替手工，但是钳工工作中仍有相当多内容要靠手工操作完成。衡量一名钳工是否优秀，最重要的就是考察他在“八尺钳台”上的“手上功夫”。

产品如人品，人刀合一

李凯军的高超技法令人叹为观止，这背后是他对工作近乎痴迷的热爱、对完美始终如一的追求。为了精准驾驭每一次落刀的力道，他付出了远超常人的艰辛。他曾背上满是水疱，不分昼夜地工作，直到胜利完工；也曾将半个身体伸进高温的模具型腔内，忍着多处被烫伤的剧痛，坚持到成功完成模具调试。为了保持手在操作中的稳定性，他坚持每天早上做400个俯卧撑。在苦练基本功的时候，李凯军甚至把指纹都磨没了。

匠心思维放大镜

工厂生产的产品既有合格品，也有优质品，李凯军坚持以优质品的标准要求自己的产品。李凯军为何要这样要求自己，你从中得到了什么启示？

李凯军说："产品如人品。我制作出来的模具，绝对不能有一点儿瑕疵。别人对产品的要求是合格品，但我对自己产品的要求是优质品。实际工作中，没有人会要求你必须把每一个模具都做成精品，除了你自己。我把东西做好，主要是因为我有强烈的自尊心，要守住自己心里设定的底线和标准。当然，周围人的夸赞也让我感到很有满足感。"

李凯军追求的是"人刀一体"的境界。他认为，只在操作上练精还不够，动刀前一定要先看、先琢磨。锉刀的每一道纹路，经过操作面的每一个瞬间，都要心中有数。

劳模工匠说

万丈高楼的筑成，依靠的是一砖一瓦地搭建；骄人业绩的取得，源于一点一滴的积累。

贪图安逸会让你清闲一时，经历苦难会让你受益一生。

如果能真正让精益求精融入血脉，那么追求极致就会体现在你人生的方方面面。

——李凯军

王曙群

一线产业工人圆梦太空

王曙群

- 1970 年 6 月出生
- 毕业于上海新中华机器厂技工学校
- 上海航天设备制造总厂有限公司对接机构总装组组长，首席技师、高级工程师

摘星之旅

2011 年，被授予“全国技术能手”称号。

2012 年，荣获中华技能大奖。

2018 年，荣获国家科学技术进步奖二等奖。

2018 年，荣获全国五一劳动奖章。

2019 年，被授予全国道德模范荣誉称号。

2020 年，被授予全国劳动模范称号。

2023 年，荣获何梁何利基金科学与技术创新奖。

仰望星空，他30多年扎根在生产一线，参与了天宫、天舟、神舟、天和、问天、梦天、嫦娥等航天工程；脚踏实地，他从一名技工学校毕业生成长为领军人物，带领航天工匠打造“国之重器”。他主持的科研项目荣获国家科学技术进步奖二等奖。他常说，很多工作都是从拧好一颗螺钉开始的。他就是首位摘得何梁何利基金科学与技术创新奖的一线技术工人——王曙群。

同学们，王曙群的成功有什么“密码”？他是如何一步步成长为“工人发明家”？又是怎样突破个人发展瓶颈的？让我们走进王曙群的故事，从中寻找答案吧！

学习，学习，很多经验就是靠不断学习一点一滴积累形成的

“5公里停泊。”“400米停泊。”“30米停泊。”……2011年11月3日凌晨，北京航天飞行控制中心大厅里每个人都紧盯着大屏幕。经过捕获、缓冲、拉近、锁紧4个步骤，天宫一号与神舟八号成功实现首次交会对接。瞬时，潮水般的掌声响彻大厅，参与对接机构装调的王曙群感慨万千。

为保证在太空环境中载人飞船与空间站成功对接和分离，舱与舱之间的连接必须做到“天衣无缝”。其中的关键是12把对接锁，它们在对接时必须保持平稳且牢固。然而试验中，王曙群发现分离姿态与设计要求产生了严重偏差，并且这种偏差毫无规律。为了克服偏差，从那天起，他便与这个问题较上了劲儿。王曙群和团队开始逐一排查，检查了数万个零部件、上万米导线、150多万个数据。在攻坚最难的时候，他像着了魔似的，每天满脑子都是公式、数据、算法，一次次试错，一次次试验。这对于技工学校毕业的王曙群来说，是一个巨大的

挑战。“学习，学习，逼着自己不断去学习，而且在学习的过程中大量地记笔记。我们很多的经验就是靠不断学习，一点一滴地积累形成的。”王曙群说。经过近一年的反复试验、摸索，他终于找到了问题的症结，一举解决了长期困扰团队的难题。

匠心思维放大镜

在学习和生活中，你有类似的解决难题的经历吗？请你谈一谈对学习、积累的理解，或者分享一个相关的事例。

技术万花筒

“太空之吻”

空间交会对接是两个载人航天器实现轨道交会并完成对接的过程，人们浪漫地称之为“太空之吻”。在轨道交会对接中，主动接近目标飞行器的载人航天器称为“追踪飞行器”，被追踪的载人航天器称为“目标飞行器”，整个过程仿佛在太空中“万里穿针”。空间交会对接是载人航天活动的三大基本技术之一。通过空间交会对接技术，可以为长期运行的空间设施提供人员运输和物资补给，还可以为大型空间设施的建造和运行提供服务。

精益求精的种子在心里生根发芽

从一名技工学校毕业生，成长为载人航天对接机构总装组组长，王曙群走过的是一条技能成才之路。1970 年 6 月，王曙群出生在上海的一个军人家庭。生活在军队大院里的他，从小就有一个“军人梦”。初中毕业后，得知上海新中华机器厂（上海航天设备制造总厂有限公司的前身）承担运载火箭的生产任务，王曙群就报考了上海新中华机器厂技工学校。1989 年，从技工学校毕业后，他被分配到上海新中华机器厂，每天在钳工台上学习锯切、划线、钻削等各种技能。“我也要造火箭！”那时，这位年轻的技校生就有了一个大志向。并且，他的这个志向不仅写在了心里，也洒在车间无数个寂静的夜里。

匠心思维放大镜

你小时候有过职业理想吗？你现在的职业理想是什么？当理想与现实有差距的时候，你准备如何实现理想？

“进入新单位的第一个岗位是在冰箱的生产

线上，与做军工的理想有很大差距，所以工作后难免有些失落。”王曙群回忆道。当时，厂里的任务少、工资低，不少同事都选择了跳槽。而师傅的一次实践教学让王曙群受用至今。“记得当时，师傅让我给一个复杂的零件划线，再根据这些线来加工零部件。我划完后，师傅默不作声地重新划了一遍。结果，我划的线和师傅划的线差了1毫米。师傅以此让我明白了什么是精益求精。”师傅还鼓励当时有些迷茫的王曙群说：“工人同样大有可为。关键是要做一行爱一行，基本功要扎实，更要耐得住寂寞，很多工作都是从拧好一颗螺钉开始的。”从此，潜心钻研技能的种子在王曙群心里生根发芽。

匠心思维放大镜

想一想，自己第一次理解“精益求精”时是怎样的场景，并谈一谈对“拧螺钉”精神的理解。

1996年，在中级工考试中，王曙群获得全厂亚军。同年，厂里举办高级工培训班，规定工龄10年以上的职工才能参加。当时王曙群工作才7年，但得益于全厂亚军的好成绩，单位破格让他参加了培训。正是在这次培训过程中，厂里接到了航天器对接机构的研制重任，王曙群才有机会参加研制任务。这成为他后来参加航天器对接工程的重要职业转折点。事实证明，只有自己做了足够的积累，练就了过硬的本领，才能在机会来临的时候绽放光彩。

“新的任务、新的技术促使我带着问题学，把学习的东西用于实践，并开始撰写一些技术论文，走上技能提升的新轨道。”从高级工、技师、高级技师，再到特级技师、首席技师，沿着解决问题、完成任务、申报专利的路线，王曙群在技能领域登上了一个又一个新台阶。

新时代技术工人要勇做技术创新的“拓荒牛”

在师傅单培林眼中，王曙群不仅操作技能高超，而且具备自主研发能力，是“双料首席技师、智能型技术工人”。感怀师恩，王曙群说：“航天前辈为我们这一代砥砺了前路，我们这一代也要为未来的航天事业培养新的人才。”

2011年7月，上海航天技术研究院成立王曙群技能大师工作室，从事航天机构精密装配、装

匠心思维放大镜

王曙群经常对年轻人说，不能输在职业的起跑线上。请你结合自己的学习经历和职业规划，说一说如何理解这句话。

配标准化、测试稳定性等专业研究，主要承担空间对接机构、月球车、机械臂等宇航产品的装调工作。王曙群积极探索一师多徒、一徒多师的模式进行岗位能力互学培训，推动成立火箭总体装配工高技能人才实训基地，广泛开展职工技能培训、技术比武。他所在的技能大师工作室为企业培养了 20 余名技师、近 70 名高级工，培养出了“全国技术能手”何启超、“95 后数控国手”郑敬伟等一批高技能人才，为国家航天事业输送了一批又一批新鲜“血液”。

展望未来，王曙群表示，新时代对产业工人提出了新的要求，当下科技快速发展、产业变革迅速，知识和技能也在快速“折旧”，产业工人只有通过学习和创新才能不被时代“折旧”。

匠心思维放大镜

在你的专业领域，有知识和技能“折旧”的现象吗？你对这种“折旧”是否感到恐慌？请结合自己的学习经历，谈一谈你准备如何应对。

劳模工匠说

恐慌解决不了问题，主动求变、主动赋能才是唯一途径，也是成为行业领跑者的基本方法。持续赋能是我们不断前行的动力。

工人同样大有可为，关键是要做一行爱一行，基本功要扎实，更要耐得住寂寞。唯有脚踏实地，才能仰望星空。

——王曙群

潘从明：精益求『金』的行业领跑者

潘从明

- 1970 年 9 月出生
- 毕业于金川公司技工学校
- 金川集团铜贵股份有限公司贵金属冶炼分厂提纯工序工序长、贵金属冶炼工，特级技师、正高级工程师

摘星之旅

2018 年，荣获全国五一劳动奖章。

2019 年，荣获国家科学技术进步奖二等奖。

2020 年，被授予全国劳动模范称号。

2021 年，被授予“全国技术能手”称号。

2022 年，荣获中华技能大奖。

2024 年，被评为 2023 年“大国工匠年度人物”。

他是铂族贵金属精炼领域的佼佼者，贵金属被誉为“工业维生素”，极为珍贵；他仅凭肉眼观察溶液颜色就能精准判断其纯度，并开创了铂族贵金属精炼提纯的新工艺。他追求的目标是产品纯度达到99.99%，为此攻克了多项贵金属冶炼技术难题，结束了我国贵金属冶炼长期依赖国外技术的历史。他就是用滴水穿石的毅力，精炼出璀璨人生的大国工匠——潘从明。

同学们，潘从明是怎样走上贵金属冶炼这个冷门岗位的呢？面对高精度的冶炼要求，他又是如何一次次取得技术突破的？怎样才能培养出他那种执着专注、精益求精、追求卓越、不断创新的优秀品质？让我们走进潘从明的故事，从中寻找答案吧！

不管干啥工作都要认真对待

潘从明走上贵金属冶炼岗位的时候，对这个领域并不了解。1996年，他从金川公司技工学校毕业，被分配到金川公司第二冶炼厂贵金属车间工作。在那里，他第一次见到了贵金属，也是第一次知道原来世界上还有比金银更稀有、更珍贵的金属。这些贵金属是重要的战略储备资源，在军工、航天、医疗等领域不可或缺。感到兴奋的同时，潘从明也遇到了难题。他在技工学校学习的是铸造专业，化学课程学得不多。现在工作不仅要用到各种仪器、试剂，还要面对复杂的化学方程式，他一时有点儿摸不着门道。

“不管干啥工作都要认真对待，踏踏实实，争取干一件成一件。”想起父亲的教导，潘从明下定决心，他说：“既然国家把我分配到了这个岗位，我一定要珍惜机会，作出贡献。”于是，勤奋好学的他抓住一切机会从头学起。一开始，潘从明四处寻找专业书籍，但一时买不到。“没有书，我就跟着师傅现场学。”每天上班的时候，他都仔细记录师傅的话，晚上下班后，再反复回味、

匠心思维放大镜

潘从明在技工学校学习的是铸造专业，但工作后转到了贵金属冶炼领域。面对知识短板，他选择迎难而上。如果你将来也要从事与所学专业不对口的工作，你会怎样做？

归纳整理，认真学习专业知识。不知不觉间，他的笔记本堆起来已经有一米多高了。忙完本职工作，潘从明还到其他岗位去学习。仅仅用了 3 个月的时间，他不仅熟悉了本岗位工作，还成了这个岗位的“师傅”。

后来，潘从明买到了专业书籍，更加努力地埋头学习。他心里总琢磨着，怎样才能从黑乎乎的镍矿废渣里提取出更多的贵金属。为了弄懂这个问题，他对每一道工序、每一步操作，都要问个“为什么”。

技术万花筒

贵金属“贵”在何处？

贵金属，指金、银和铂族金属（锇、铱、铂、钌、铑、钯）。大国重器的制造离不开它们，其中铂族贵金属更被称为“工业维生素”。铂族金属因其特有的导电性、延展性，被用在导弹、卫星等核心装备上。

贵金属之所以“贵”，不仅因为它们在自然界中含量稀少、价格昂贵，而且化学稳定性好，常用来制造贵重仪器的零部件，具有不可替代性。例如，黄金具有高耐腐蚀性，可以用于航天器电路涂层；银的导电性为所有金属之首，可以应用于精密电路触点；铂、钯是汽车尾气净化的核心催化剂。此外，贵金属的提取工艺十分复杂，全球只有少数国家掌握贵金属的全流程冶炼及加工技术。

练就颠覆传统提炼工艺的“火眼金睛”

经过几年的刻苦学习，潘从明阅读了 120 多本专业书籍，写下了 30 多万字的笔记。他重新归纳了 20 多种可用于提纯的化学试剂，总结了书本上没有的 800 多个贵金属冶炼工艺的化学方程式。这些努力为他之后的技术创新打下了坚实基础。2009 年，因为业绩突出，他被聘任为提纯班班长。为了创新一套国际领先的提纯工艺，潘从明主动请缨，带领团队对全流程

提纯工序进行了试验。

99.99%，是铂族贵金属出厂的标准纯度。潘从明所在的金川集团股份有限公司是同时生产 8 种贵金属产品的企业。但如果没有一套世界领先的提纯技术，冶炼后的电解镍渣就只能作为工业废料扔掉。每提纯 1 千克高纯度的贵金属，需要对至少 5 吨镍矿废渣进行反复萃取，经过 40 多道工序、200 多项技术控制指标检验。提纯精炼的次数多了，会造成贵金属的浪费；精炼次数少了，又达不到纯度要求。每多提取一遍，就有微量的贵金属进入废液里，损失可能达到几十万元甚至上百万元。

在改进提纯工艺的过程中，潘从明发现，提纯时溶液颜色会发生微妙的变化。这能不能成为改进提纯方法的突破口呢？为了验证自己的假设，潘从明下了 5 年的“笨功夫”。他一边检测溶液中杂质的种类和含量，一边制作不同的色卡将其记录下来。5 年里，他制作了上千张色卡，并把这些颜色都牢牢记在心里。

经过反复试验，潘从明终于掌握了看溶液颜色判断提纯程度的本领，肉眼就能够辨别出万分之一的杂质含量。他把这套颜色判断法传授给徒弟们，并运用这种方法精准确定了精炼次数，使铂族贵金属产能翻了一番。

匠心思维放大镜

依靠颜色来判断贵金属精炼次数的创新做法，颠覆了潘从明师傅们以往的经验。如今，潘从明发明的颜色判断法已经替代了传统方法，在全国得到广泛应用。你从潘从明创新提纯工艺的经历中得到了哪些启发？

产业工人就像制造业的“毛细血管”

随着国家战略性新兴产业的快速发展，对铂族贵金属中铂、钯、铑、铱的需求量不断增加。然而，这 4 种金属元素的高效分离提取一直是贵金属冶炼工艺中的一大难题。特别是铂与铑，它们的化学性质相似。找到一种能够

高效分离这两种贵金属元素的试剂，成为技术突破的关键。

于是，潘从明精心挑选了60多种化学性质符合要求的试剂，在不同温度、酸度、浓度等条件下进行试验。寒来暑往，十年光阴，万次失败，他依然锲而不舍，反复尝试。终于，他找到了精准匹配的试剂，成功研发了“镍阳极泥中铂钯铑铱绿色高效提取技术”。这项技术能从镍矿废渣中提取出6种铂族贵金属，而且每一种贵金属的纯度都能达到99.99%。这项技术有效解决了传统工艺中贵金属回收率低、加工成本高、污染物排放量大等问题。凭借这一项技术突破，潘从明获得了国家科学技术进步奖二等奖。

匠心思维放大镜

潘从明说：“在创新的舞台上，一线产业工人大有可为。”结合潘从明的经历，想一想这句话会带给你什么启发。

潘从明说：“在创新的舞台上，一线产业工人大有可为。我们工作在一线，创新也发生在一线。产业工人就像制造业的‘毛细血管’，渗透到各行各业的各个角落。我们拥有取之不尽的创新灵感，更拥有呼之欲出的创新愿景。”如今，潘从明又把科技创新的焦点放在了报废汽车、电子产品、石油催化剂等二次资源中的贵金属综合回收上。他坚信，技术没有止境，创新永远在路上。

劳模工匠说

贵金属精炼的工匠精神，就是用一万分的严谨、专注、务实和精益求精，达到99.99%的纯度目标。

近年来国家非常重视产业工人的成长发展，劳动光荣、技能宝贵、创造伟大的时代风尚越来越浓厚。希望我们技工院校的同学们坚定技能成才、技能报国的信心，成长为有理想守信念、懂技术会创新、敢担当讲奉献的时代新人，展现技能风采，实现个人梦想！

——潘从明

谭文波：用自立自强照亮试油的中国路径

谭文波

- 1970 年 12 月出生
- 毕业于四川石油管理局技工学校
- 中国石油西部钻探工程有限公司井下作业工具工，高级技师

摘星之旅

2018 年，荣获全国五一劳动奖章。

2018 年，被授予“全国技术能手”称号。

2019 年，被评为 2018 年“大国工匠年度人物”。

2020 年，被授予全国劳动模范称号。

2022 年，荣获中华技能大奖。

他是扎根戈壁的“倔强胡杨”，30年风沙磨砺，铸就了“大国工匠”的锋芒；他是火药动力时代的“挑战者”，让电动液压的蓝光，照亮中国能源新方向；他是百万年薪撼不动的“守望者”，用良心铸牢国企创新的脊梁；他是荒漠中播撒火种的“领路人”，让“谭文波工作室”的牌匾，成了工匠精神的勋章。从巴蜀到边疆，到祖国需要的地方去，他就是用半生诠释了心之所向的井下作业技能专家——谭文波。

同学们，谭文波年轻时是怎么下定决心，离开舒适的地方，跑到那么荒凉偏远的地方去的呢？谭文波到底是靠什么力量，让自己变得这么优秀，实现了自我超越的呢？让我们走进谭文波的故事，去了解他的心路历程吧！

到边疆去，到祖国需要的地方去

1992年，刚从四川石油管理局技工学校毕业的谭文波，听从了父亲的教导——“年轻人，到边疆去，到祖国需要的地方去！”就这样，谭文波满怀支援边疆的豪情壮志离开了层峦叠嶂的巴蜀大地，来到了新疆荒凉偏远的戈壁沙漠，成了一名井下作业工具工。井下作业工具工是使用井下作业工具、仪器、设备等，进行油、气、水井的井下作业的人员，他们要确保井下地质资料的准确。一开始，谭文波是从试油做起的。试油是对前期石油钻井过程、地层地质认识的验证，形成的试油资料更是油田未来开发部署的科学依据。

技术万花筒

试 油

试油被称作石油开发前的“临门一脚”，如果这一脚没踢好，一个好油田可能就会擦肩而过。“试、探、提”是试油工作的“三步曲”。这个过程，既耗时，又费力。单说“提”的过程，就是把之前“试”时下到全井筒的油管，再全部提上来。提上来的油管，须摆放整齐，每10根一出头，以便计算油管长度和井深。以一口5 000米的油井为例，连续提油管作业的时间一般都在10个小时以上。等到把测试管柱、试产管柱下到油层之后，试油工人就要在井上记录资料了。每 1 小时记录一次井口压力，每 2 小时记录一次产量。

刚开始工作的时候，谭文波只是给老师傅递递工具、打打下手。他不满足于只做这些杂活儿，开始自学工程与技术方面的知识。不久之后，他就独自动手完成了防井口落物护板的制作。“原来自己也能做很多事情”，谭文波受到了鼓舞，开始更加刻苦地钻研技术。

1997 年年底，谭文波被调到了一个新单位，负责研发新技术、新工艺。当时，和他一起工作的 6 个人，只有他是技工学校毕业生，其他全都是工程师。

学历的限制，常常让谭文波觉得自己像手持局部地图的航海家，虽然能望见新大陆的轮廓，却缺乏到达那里的具体方法。但即使如此，他仍然选择努力航行。谭文波曾说：“要尊重自己的岗位，不要成为岗位上的废人。”这一点，他做到了。他不仅完成了改进式防溅器、电动投灰的改进等一系列发明创造；还主动请缨，修好了只有国外专家才能维修的液压系统电缆车的液压泵，为公司挽回了 100 多万元的经济损失。

匠心思维放大镜

谭文波一直提醒自己作为一名技工学校毕业生，要不断学习，不断超越自我。这对你有什么启发？

完成工作只是刚及格，勇于钻研才能更优秀

经过数年艰苦的野外工作历练，谭文波给自己设立了更高的目标，他主动递交了入党申请书。“完成工作只是刚及格，勇于钻研才能更优秀”成了他的人生新坐标。

后来，企业遇到了难题。原来使用的火药动力桥塞坐封工具由于存在安全隐患，难以继续使用，而一时间又找不到能替代的动力工具。谭文波花了一年时间，好不容易研发出了新型工具，但在实际应用中，效果却不如预期。有人开始质疑，说谭文波是“没有金刚钻，却揽了瓷器活儿”。面对重压，谭文波那股不服输的劲头又上来了。他向领导立下军令状，承诺半个月内解决问题。为了获取有效的参数，谭文波冒着危险，独自在厂房进行压力测试。终于，在半个月后，他成功研制出了新型电动液压桥塞坐封工具。

“就像电动车替代燃油车一样，新型电动液压桥塞坐封工具带来的是革命性的变化。”谭文波研制出的电

匠心思维放大镜

谭文波在面对新型工具研发失败和外界的质疑时，选择了坚持和创新。想一想，在面临压力和质疑时，你会如何处理。

动液压桥塞坐封工具不再靠火药推动桥塞嵌入地层，而是采用电动液压作为动力，它不仅安全、环保，而且更加高效，为国内外首创。同时，这款工具还有力提升了中国石油工程地层封闭技术的核心竞争力。正因为这项发明，谭文波被评为2018年“大国工匠年度人物”。

做人要有良心，到岗位上实实在在干事

新型电动液压桥塞坐封工具研发出来后，谭文波在业界声名鹊起。几家企业找到他，希望购买新工具的专利，有的甚至直接承诺给予百万年薪，但都被谭文波拒绝了。“钱谁不喜欢呢？但是我断然回绝了。为什么？因为我清楚，是谁给了我机会，是谁给了我平台。做人要有良心，到岗位上就要实实在在干事。”谭文波这样说。

谭文波还积极发挥榜样作用，带领和培养了一大批青年技术骨干。他提出“感恩、担当、传承、创新”的理念，并领军创立“谭文波工作室”，这里成了他带徒弟、搞发明的阵地。

匠心思维放大镜

读了谭文波的故事，你是否相信，即使出身平凡，也能通过不懈的努力和创新精神，在所属领域里大放异彩？

谭文波曾说："以前觉得创新、科技发明都是科学家、高级工程师干的事，我一个技工学校毕业生，哪轮得到我。"但他凭借坚持和努力，以工匠精神自立，以创新精神自强，潜心攻克试油测试技术，以不断创新、发明使试油的"中国路径"更加耀眼。

劳模工匠说

成功从不由家庭背景、学历乃至容貌来定义。坚持付出他人难以企及的努力，终将获得惊喜回馈！

新时代，技能人才迎来了发展的春天。愿技工院校学子珍惜在校时光，努力学习，掌握技能，走技能成才、技能报国之路！

恰逢盛世当不负年华，愿你们以技能书写无悔青春，用坚持成就精彩人生，以匠人之心托举产业强国梦！

——谭文波

齐名：让生命在生产一线绽放

齐　名

- 1971 年 3 月出生
- 毕业于石家庄市劳动技工学校
- 华北制药金坦生物技术股份有限公司首席技师，正高级工程师

摘星之旅

2012 年，被授予“全国技术能手”称号。
2013 年，荣获全国五一劳动奖章。
2015 年，被授予全国劳动模范称号。
2016 年，被授予“全国优秀共产党员”称号。
2018 年，被授予“全国职工职业道德建设标兵个人”称号。
2021 年，荣获中华技能大奖。

他始终扎根在生产一线，勤学不辍。从一名技工学校毕业生起步，逐渐成长为电气仪表自动化专家。他是一名白血病患者，虽然治愈率仅有15%，但坚信精神力量能够激发免疫力，凭借惊人的毅力和乐观的态度，不忘初心、坚守岗位，在技术革新方面，屡创佳绩。他就是在生产一线绽放光彩的生命斗士——齐名。

同学们，齐名是如何在竞争激烈的高新技术企业中脱颖而出的？他为什么能够一直保持对技术的热爱和执着？又是怎样在技术浪潮中乘风破浪的？让我们走进齐名的故事，从中寻找答案吧！

把学习当成习惯的“百事通”

1991年，齐名从石家庄市劳动技工学校毕业，以石家庄市电工专业第一名的成绩被分配到华北制药集团，担任高压检修电工。1999年，他被调往华北制药集团旗下的金坦生物技术股份有限公司，负责高压线路维修和进口设备检修工作。

金坦生物技术股份有限公司是一家高新技术企业，广泛使用进口设备，技术资料全都是英文的。设备出故障时，通常都是由外国技术人员和工程师一起来解决，齐名只能在一旁帮忙。为了突破国外技术的垄断，齐名踏上了艰难的自学之路。那时他的月收入只有几百元，但他省吃俭用，花了上万元购买电工工艺、机械基础、模拟电路等专业书籍，决心要掌握这些技术。

齐名对学习充满热情。骑自行车上下班时，他会一边骑车一边听有声资料。下班后，他经常独自留在公司，仔细研看图纸。遇到难以理解的知识点，他就到书店和图书馆寻找答案。因经济条件有限，他就亲手抄录所需内容，经常沉浸其中忘了时间，直到店员多次提醒才肯离开。“我心里总有一种时不我待的紧迫感，”齐名

匠心思维放大镜

面对压力，你是否也会有紧迫感？你是如何应对这种紧迫感的？是否也会利用碎片时间进行学习？还有什么好的做法？

说，“这种紧迫感一直督促我把学习当成习惯，只有不断学习，才能跟上时代的脚步。”

一次，一台意大利进口设备突发故障，公司面临高昂的维修费用和长期停产的损失。齐名挺身而出，连续两天两夜拆装、测试，排查故障。最终，他找到了故障原因，并且只用了一角钱的电阻就修好了设备，为企业避免了重大损失。他说：“哪里不安全，哪里效率低，哪里成本高，哪里就是我的创新方向。”这份强烈的责任心驱使他不断前进，成了公司里的“百事通”。他不仅能解决日常的小问题，还能承担重大的技术革新任务。

技术万花筒

电　工

电工是使用工具、量具和仪器、仪表，安装、调试与维护、修理机械设备电气部分和电气系统线路及器件的人员。电工需要掌握电路、电磁、电子技术基本知识，电工工具、量具、仪器、仪表使用知识，电工材料选型知识，安全知识等。随着智能化和绿色能源的发展，电工还需掌握可编程控制器编程、变频器应用、光伏系统集成等新技术。电工的工作不仅要求“手脑并用”——既能读懂精密的电气图纸，理解复杂的编程逻辑，又能迅速准确排查并解决电气故障，同时还必须严格遵守安全操作规范，时刻防范触电风险，确保作业安全。

把工作视为快乐的“技术痴”

长期以来，公司包装好的药品在天平上的称量工作一直由人工完成。长时间重复这项操作，工作人员容易疲劳，有时会出现漏检的情况。一旦漏检，下班前复核时就会发现数量不对，这时就得把已经包装好的药品全部拆开重新检查。

2008 年，齐名被诊断出患有白血病。面对突如其来的疾病，他也有过恐惧和消沉的时候。在化疗期间，他身体非常虚弱，呕吐得很厉害。为了分散他的注意力，公司领导跟他聊起了称重剔除的问题。

在公司领导和工友们的关爱帮助下，齐名渐渐从心理上战胜了病魔。他利用卧床静养的空闲时间，坚持在床上翻阅书籍，思考那些他一直牵挂的技术难题。就在这段时间里，他构思出了自动称重剔除系统的关键技术。对于他这种对技术的执着和热爱，同病房的病友们很不理解，爱人更是心疼不已。而齐名只是淡淡地说："看书有止吐作用。"

匠心思维放大镜

你如何理解齐名所说的"看书有止吐作用"？他的经历带给你怎样的启发？

半年后，齐名的病情稍有好转，他就迫不及待地回到了工作岗位。虽然化疗让他的头发掉光了，全身也浮肿了，但他毫不在意，全身心地投入到自动称重剔除系统的试验中。

经过齐名不懈的努力，这项技术革新最终成功用到了生产上，彻底解决了公司长期以来的称重剔除"老大难"问题，实现了在线自动称重剔除。这不仅大幅降低了人工检查成本，还显著提高了药品包装的准确性，返工率从42% 下降到 5%。

重返岗位后的齐名，每天都像在和时间赛跑，忘我地工作。他说："我要把一天当两天、当十天来过，把每一天当作生命中的最后一天来过。"他的小徒弟杨殿飞工作一年后才知道师傅原来是白血病患者。因为师傅每天都带着他在生产一线奋战，一起爬夹层、查故障，直到深夜还在研究资料。

把创新融入血脉的"大工匠"

"一人强不算强，众人强才是真正强。"齐名不仅自己不断创新钻研，还努力打造一个知识型、技能型、创新型的团队。自 2010 年以他的名字命名的技能大师工作室成立以来，已完成了 200 多项科技创新成果，获得了 8 项专利，创造了直接经济效益 2 000 多万元。齐名向公司许下承诺：每年完成 10 项创新成果，创效 100 万元以上。他坚信："我们产业工人要做的创新，就是一次一次在思维碰撞和技术攻关中，不断改进改善，不断自我迭代。"

在许多方面，齐名都发挥着标杆带头作用，为产业工人特别是青年技术工人的培养贡献力量。他将多年来自学单片机的心得体会，以及自己创新应用单片机解决的典型生产难题，进行了归纳整理，出版了《齐名工作法应用STC单片机》一书。他利用业余时间，免费录制培训课程，应省级人力资源社会保障部门邀请，录制自动化控制线上课程；他还在“技能强国——全国产业工人技能学习平台”上分享技能经验，吸引了4万多人线上观看。他受聘为中国（天津）职业技能公共实训中心、石家庄技师学院等多所院校的客座教授。他的工作室与多家职业院校组建了工作站，围绕解决实际问题开展实训教学。齐名还多次受邀走进大中小学校，将劳模精神、劳动精神、工匠精神融入学校劳动教育、思政教育。

“从一名普通的技术工人到大国工匠，我希望通过经验分享，在孩子们和年轻人的心中，播下实现自我价值的种子。”齐名在生产一线绽放生命的光彩，激励着更多的产业工人、青年技术工人投身创新实践，以实业报国为己任，用技能强国铸就梦想。

匠心思维放大镜

在你的专业领域内，你认为达到“极致”的标准是什么？你计划如何不断提升自己以达到这一标准？

劳模工匠说

业精于勤荒于嬉。

聪明在于学习，天才出于勤奋。

一个人有技术，自己有前途；一群人有技术，企业有前途；一代人有技术，国家有前途。

——齐名

刘伯鸣：大国重器的『锻造者』

刘伯鸣

- 1971 年 5 月出生
- 毕业于中国一重技工学校
- 中国一重集团有限公司（简称中国一重）·铸锻钢事业部水压机锻造厂副厂长、锻造工，高级技师

摘星之旅

2014 年，被授予“全国技术能手”称号。

2019 年，被命名为第五批全国岗位学雷锋标兵。

2020 年，被评为 2019 年“大国工匠年度人物”。

2020 年，被授予全国劳动模范称号。

2022 年，荣获中华技能大奖。

30多年来，他只做了一件事：和团队一起专心打造大国重器。他是我国第一台万吨水压机和世界先进的15 000吨自由锻造水压机的操作者。在核电、石化重型压力容器和专项产品等重大技术装备的自主化、产业化进程中，他既是奋斗者，也是见证者。他助力中国核电技术摘得璀璨明珠，擦亮“华龙一号”“国家名片”。他为推进我国重大技术装备国产化、提升超大锻件制造的核心竞争力，作出了突出贡献。他就是用匠心为国家锻造重器的大国工匠——刘伯鸣。

同学们，刘伯鸣最初是怎么接触到锻造这个行业的？成为锻工后，他有没有对自己的职业价值产生过困惑？让我们走进刘伯鸣的故事，从中寻找答案吧！

一堂寻常课，点亮非凡志向

锻工是“把金属材料加热到一定温度，锻造工件或毛坯的工作”。这是刘伯鸣拿到中国一重技工学校录取通知书后，从字典中找到的对自己专业的解释。他本来想追随父亲的脚步，学习木工，却没想到被录取到了锻工专业。

就这样，刘伯鸣懵懵懂懂地开始了技工学校的生活。当时，有其他专业的学生曾跟他开玩笑：“锻工呀，就是‘火烤胸前暖，风吹背后寒’的铁匠。”刘伯鸣听了，心里很不是滋味，但又不知道该怎么反驳。他一想到自己将来毕业后要当工人，每天拿着同样的工具，干着同样的活儿，守在同样的车间，一直到退休，就觉得特别无趣。但不久后发生的一件事触动了他，让他从此改变了对技术工人的刻板印象，找到了人生的志向。

那是在一堂工艺课上，老师问大家：“你们都是锻工，也就是老百姓常说的铁匠。可是，你们了解自己今后要用的铁锤吗？”刘

伯鸣不以为然：“不就是铁锤嘛，还能有什么花样？”此时，老师解释说：“严格来讲，你们今后要打的是千锤百炼的钢，你们要用的‘铁锤’也非同凡响，它叫万吨水压机……”接着，老师带着同学们一起了解了中国一重的辉煌历史。一串串震撼人心的数据，一件件举足轻重的锻件产品，勾勒出了我国锻造行业发展的壮阔画卷。

给刘伯鸣留下深刻印象的是，中国一重的前辈们冲破了重重技术封锁，独立设计制造出了我国第一台万吨水压机。这台水压机为造船、电力、冶金、矿山等行业锻造了许多重量级部件，是名副其实的“国宝”。刘伯鸣第一次意识到，看似平凡的锻工工作，竟然与航空、船舶、军工制造等重要产业的关键设备紧密相连，甚至关系到国家在国际竞争中的前途命运。想到这里，自豪感和使命感涌上心头，他暗暗下定决心，一定要学好本领，干出名堂。

匠心思维放大镜

一堂普通的工艺课，让刘伯鸣对锻工专业有了更深入的了解，也让他找到了人生的奋斗方向。你了解自己所学的专业吗？有没有像刘伯鸣那样，有过瞬间醒悟的时刻？

技术万花筒

锻造“国之重器”

锻造是在锻压设备及工（模）具的作用下，使坯料或铸锭产生塑性变形，以获得一定几何尺寸、形状和质量的锻件的加工方法。在现代工业中，大多数机械装备都是由金属零部件装配而成的。由于许多机械零件形状复杂，或者对加工精度和表面质量要求很高，因此不能直接用单一的方法生产出来。通常，我们会先用锻压、铸造或焊接等方法制成毛坯，然后再通过切削或磨削加工，制成所需的零件。

锻件具有寿命长、适应性强等特点，在油气开采、工程机械、核电、船舶等行业都有广泛应用。其中，核电、石油化工领域的大型锻件，是世界公认的综合性能要求最高、技术难度最大的高端产品之一。它们也是大国博弈和竞争中的关键砝码，被誉为“国之重器”。从事大型锻件锻造的锻工责任重大，他们要把庞然大物的毛坯，变成形状和结构都极其复杂的产品。在这个过程中，哪怕只有毫厘之差，也有可能造成巨大的损失。

反复琢磨攻难关，锻造“中国制造”的脊梁

刘伯鸣找到奋斗目标之后，就像换了个人一样，开始如饥似渴地学习专业知识。他的专业课成绩一直名列前茅。1990年，刘伯鸣以优异成绩从技工学校毕业，顺利进入中国一重的水压机锻造厂，成为一名锻造工人。中国一重的光荣历史，激励着刚刚走上工作岗位的刘伯鸣立志做一名锻造“大国重器”的光荣匠人。

刘伯鸣所在的工厂承担着我国核电装备、石化装备、高端装备等大、特、新锻件产品的锻造任务。以前，不少核心锻造技术被国外垄断。面对这种情况刘伯鸣和工友们立志要实现锻件的国产化，用中国人自己的锻件装备自己的核电站。在“华龙一号”首批示范项目中，他们面临着艰巨的任务：没有任何国内厂家做过、没有任何技术可以参考。在高温炙烤的工作环境下，刘伯鸣带队不断优化基础工艺数据，反复琢磨难关的攻克方法。凭借攻坚克难的意志和稳健高超的锻造技术，他们高质量地完成了各项操作。最终，刘伯鸣团队圆满完成了“华龙一号”主泵泵壳锻件的首件制造，一举扭转了此类核电关键锻件全部依赖进口的被动局面。

如今，“华龙一号”作为我国具有完整自主知识产权的三代核电技术产品，已经成为中国制造的新名片。中国一重的锻造技术名扬海外，其所制造的锻件远销许多国家。“创新无处不在，只要用心去观察，用心去琢磨，就没有什么咱攻克不了的东西!”刘伯鸣坚定地说。

匠心思维放大镜

刘伯鸣锻造团队在核电产品领域不断突破创新，打破国际垄断，实现了从“跟跑”到“领跑”的超越。在他看来，创新并非遥不可及的伟大创举，关键在于用心。你如何理解刘伯鸣所说的“用心”?

人就像锻件，千锤百炼才能出精品

扎根生产一线，刘伯鸣日复一日地坚守，追逐锻造“中国制造”脊梁的梦想。他先后独创50余种锻造方法，开发40余项锻造技术，攻克了核电、

石化等领域100余项产品锻造工艺难关，填补了国内50多项行业空白。凭借一手好技能、一身好本领，刘伯鸣获得全国劳动模范、中华技能大奖、“大国工匠年度人物”等诸多荣誉。对此，刘伯鸣笑称：“转变的是身份，不变的是初心。”

“我们是打铁的人，也是铁打的人。作为新时代的产业工人，不仅要有匠心和匠艺，还要有爱党、爱国、爱企之心。衡量一个人的价值，要看他能回报给企业、社会和国家什么，能为建设制造强国作多大贡献。”刘伯鸣这样阐述自己的初心。

为了培养更多技术能手，刘伯鸣技能大师工作室成立了。他毫无保留地将自己的技能和经验传授给新人，把课堂搬到了压机旁、机床上、炉台边。他带领青年技术骨干，围绕生产重点和难点，积极献计献策、发明创造，取得了丰硕成果。在他的指导下，一批批年轻工人成长为技术能手和企业骨干。

匠心思维放大镜

技术工人队伍是支撑中国制造、中国创造的重要力量。他们面对技术垄断和行业空白，从不服输，努力攻坚克难，掌握了过硬的手艺，啃下了技术攻关的“硬骨头”。如今，在智能化、数字化转型的大背景下，技术竞争日益激烈，你认为新时代技工院校的学生应该具备怎样的素质？

如今，痴迷于锻造“国之重器”的刘伯鸣，依然扎根在厂房里，那里重锤起落、铁臂穿梭。他投身在中国装备制造业发展壮大的火热实践中，心里想着：“人就像锻件，千锤百炼才能出精品。”

劳模工匠说

技工院校是梦想启航之处。身为技工院校学生的你们，是产业未来的中流砥柱。愿你们以劳模工匠为灯塔，秉持专注执着的精神，锤炼精湛技艺；心怀热爱，苦练本领，用双手创造价值，以匠心点亮时代。愿你们在技能成才、技能报国的道路上，脚踏实地，精研技艺，铸就非凡人生，绽放青春光彩。

——刘伯鸣

郑贵有：『车』间筑梦，匠心铸魂

郑贵有

- 1971 年 9 月出生
- 毕业于内蒙古北方重工业集团有限公司高级技工学校
- 中国兵器工业集团内蒙古北方重工业集团有限公司（简称北重集团）防务事业部 407 车间车工，首席技师、正高级工程师

摘星之旅

2008 年，被授予“全国技术能手”称号。

2015 年，被授予全国劳动模范称号。

2016 年，荣获中华技能大奖。

别人不愿意干的活儿，他干；别人不敢干的活儿，他也干。面对挑战，他从不退缩。他凭借精湛的技艺和无私的奉献，为国家武器装备制造和机械制造领域作出了突出贡献，从普通车工成长为获得诸多荣誉的"蓝领"佼佼者。他不仅是技艺的集大成者，还是技艺的传承者和发扬者，为新时代产业工人树立了一个光辉的样本。他就是"拼命三郎"——郑贵有。

同学们，在每天重复操作的岗位上，郑贵有是怎么保持肯干实干热情的？碰上难题的时候，他是靠什么信念支撑着突破难关的？让我们走进郑贵有的故事，从中寻找答案吧！

潜心钻研，以"毫厘"丈量技艺

郑贵有自幼就对机械和制造有着浓厚的兴趣。1992年，他从内蒙古北方重工业集团有限公司高级技工学校毕业后，进入了北重集团，成为一名车工。郑贵有说："我进厂的第一天就给自己定了一个规矩，不管是大活儿小活儿，都要抢着干，并且要想尽办法干到最好。"

刚走上工作岗位的郑贵有，深感自己知识的不足。于是，他利用业余时间学习理论知识，认真研读《车工工艺学》《金属切削原理》等专业书籍，同时虚心向老师傅们请教。他把学到的知识融会贯通，运用到实际工作中。遇到技术难题时，他就反复试验，摸索新的加工工艺。经过勤学苦练，进厂仅3个月，他就提前出师，能够独立操作；进厂3年，他就成了厂里最年轻的车工班班长。

匠心思维放大镜

郑贵有不仅练习车工技艺，还不断学习相关理论知识，实现了技艺的深度与广度并进。想一想，你应该如何规划自己的学习路径。

郑贵有对技艺的追求达到了极致，他始终以"毫厘"为标准，不断精益求精。在机械加工领域，流传着一句俗语"车工怕车杆"，尤其是加工长径比大于40倍的细长轴，更是个大难题。面对这个挑战，郑贵有没有退缩，他迎难而上，总结出了"郑贵有细长轴切削法"。他提出"三阶段递进式"（预变形补偿—动态支撑—应力释放）加工工艺，创新性地采用反向走刀和跟刀架

支撑技术，成功突破了这一技术瓶颈，提高了细长轴的加工质量和表面质量。另外，针对某小口径火炮炮尾体技术攻关，他首创了多孔摆膛零件复杂内曲面精密车削技术，提出了超高强度钢硬状态刚性加工技术，开发了偏心轴向夹紧系统，提高了复杂空间孔系相对位置精度，解决了小口径火炮研制瓶颈，实现了装备质量提升。

匠心思维放大镜

在日常学习和实践中，你认为应该如何培养自己的细节意识？

技术万花筒

车　工

车工是操作车床，进行工件旋转表面切削加工的人员。他们使用车床等设备，通过车削、镗削、铣削等工艺，把金属材料加工成符合设计要求的零件。车工的工作内容主要包括阅读图纸、选择合适的加工工具、设定加工参数、操作车床设备，以及进行精度测量等。车工需要具备扎实的机械加工理论知识、熟练的操作技能，以及对精度的高度敏感。在高精度零件加工中，他们往往需要将误差控制在微米级别。车工遍布制造业的各个领域，如航空航天、汽车制造、军工装备等，是支撑现代工业发展的一个重要职业。

攻坚克难，以“创新”铸就发展利器

工友们都叫郑贵有“拼命三郎”。别人不愿意干的活儿，他干；别人不敢干的活儿，他也敢上。只要是他负责的生产任务，不管时间多紧，工作量多大，技术要求多严，他都不挑剔。他总是竭尽所能，确保任务能准时、高质量地完成。就算因过度劳累，多次高烧住院，病情刚一好转，他就立刻回到岗位。郑贵有说：“别人不愿意加班，你去加班了；别人不爱钻研的技术，你去钻研了，那你就成了技术和技能的拥有者，就有了看家本领。”天道酬勤，他的多项成果获全国、内蒙古自治区技术创新成果奖。

匠心思维放大镜

在学习过程中，你是否也愿意为了提升技能或完成学习任务而牺牲休息时间？如何平衡学习与生活的关系？

2009 年，北重集团自主研制了世界首台 3.6 万吨黑色金属垂直挤压机。2012 年，该设备的核心部件——主油缸需要加工维修。主油缸维修时面临巨大挑战：部件太庞大，加工观测和测量都很困难；缠绕后内孔变化难控；加工过程中还需中途掉头重新找正，接刀精度要求极高。郑贵有迎难而上，提出了创新的维修方案——利用 8 米立车加工。他运用粗车、缠绕、半精车、磨削、精整等多道工序，设计了特殊的卡具来提升稳定性，还采用了双向分

段加工法，成功修复了缸体。

2015 年，某海军产品的大口径火炮进入小批量生产阶段。火炮的基座内外座圈加工难度极大，精度要求非常高，而且还需要淬火处理。郑贵有巧妙运用工序分散法，结合低温振动时效消除应力，创新了无夹力装夹技术，确保了基准平面的精度。面对滚道高硬度挑战，他选用了超硬涂层刀具，并精细调整了切削参数，成功攻克了难关，为火炮的量产奠定了坚实基础。

2018 年，一项承载着大国海防使命的关键装备——某新型舰炮武器系统的核心部件“高低齿弧”，正是由郑贵有带领团队完成技术攻关的。该部件材料为特种炮钢，圆度、平面度、平行度要求小于或等于 0.05 毫米。围绕超高强度高韧性钢精密车削技术的研究，他创新了大直径开放式环类零件精密车削方法，优化了工艺路径，突破了薄壁齿弧车削应力变形控制技术，解决了生产瓶颈，提高了加工质量，提升了舰炮武器发射系统的可靠性。

薪火相传，以“情怀”培育新秀

一花独放不是春，百花齐放春满园。工作中，郑贵有总是主动将自己的实践经验和技术毫无保留地传授给徒弟和周围的员工，以代际传承培养出公司级技能带头人 5 人、高级技师 11 人、技师 21 人。此外，他还创办了“兵器技能大师讲坛”，举办了 20 多期技能提升培训和 10 多场高技能人才实操展示，向超过千名技能人才无私传授技艺，为公司高质量发展提供了扎实的人才保障。

作为国家级技能大师工作室的带头人，郑贵有带领团队紧紧围绕生产中的制造瓶颈和难题，承担了多项重点项目科研试制任务。截至 2024 年，工作室共完成技术攻关和创新 230 余项，其中获国家专利 29 项，13 项创新成果获全国、内蒙古自治区、兵器集团职工优秀创新成果奖，总结提炼特色操作法 13 项，撰写论文 27 篇，为公司节省资金和创造经济效益 3 300 余万元。

许多技术工人能够从操作层面解决难题，但却不擅长理论总结，难以形成通用的方法，常常遇到“会做不会讲、会讲不会写、会写不会总结”的困境。为了打破这个局限，郑贵有用心研读理论书籍，把复杂的技术尽量用通

俗的语言表达出来，独创了"操作指南"。他希望把自己的经验分享给更多人，帮助同行们提升技能水平。

郑贵有说："只有通过平台培养、推出一批又一批的人才，让这一批批人才再带动更多的人才，不断壮大技能人才队伍，构建起'金字塔'形的技术技能人才队伍，才能提升企业的核心竞争力。"

匠心思维放大镜

你认为技术在个人学习、工作，企业发展，乃至国家发展中扮演着怎样的角色？

劳模工匠说

技能铸就梦想，奋斗改变人生。

愿你们在技工院校的熔炉中淬炼成钢，让青春在机床的轰鸣中、在代码的跃动里绽放，书写属于自己的匠人传奇！

——郑贵有

董礼涛：用铣刀成就产业报国梦

董礼涛

- 1972 年 1 月出生
- 毕业于哈尔滨汽轮机厂技工学校
- 哈电集团哈尔滨汽轮机厂有限责任公司数控铣工，首席技师

摘星之旅

2010 年，被授予“全国技术能手”称号。

2016 年，荣获中华技能大奖。

2020 年，被授予全国劳动模范称号。

2024 年，被评为 2023 年“大国工匠年度人物”。

30余载风雨兼程，他从一名铣工学徒成长为高技能专家；他攻克技术瓶颈，步入行业领先水平；他担当企业责任，更肩负国家使命。在我国多个大型煤电、核电、太阳能设备的汽轮机里，都有他打磨的零件。他的事迹，成了年轻人学习的榜样。他就是哈尔滨电气集团有限公司（简称哈电集团）高技能专家——董礼涛。

同学们，董礼涛是如何在日常学习和实践中培养出精益求精的精神的？他又是如何用铣刀成就“产业报国梦”的？让我们走进董礼涛的故事，从中寻找答案吧！

精益求精，潜心钻研成为“铣工状元”

1989年，董礼涛从哈尔滨汽轮机厂技工学校毕业，成了一名铣工学徒。他每天的工作，就是在机床上用铣刀对各种零部件进行平面、沟槽、曲面的加工。那时，董礼涛也不知道哪里是方向。他说，刚进厂当学徒，看着地上的油泥、手上被零件毛刺割的小伤口，心里也很迷茫。

董礼涛并未就此低头服输。他暗暗下定决心：“既然干了就干好，早干早成，晚干永远不成！”同样的机床，当别的铣工将孔洞尺寸误差控制在0.05毫米范围内时，董礼涛想做得更好。他想，能不能把误差控制在0.02毫米以内呢？别人把部件表面粗糙度打磨到6.3微米，董礼涛却瞄准了更高一级的目标，3.2微米，甚至1.6微米。日复一日、年复一年，董礼涛秉持“精益、细微、极致”的信念认真工作。最终，他成功将孔洞尺寸误差控制在0.01毫米左右，达到了业内的顶尖水平。

为了提升自己，他白天上班，晚上读夜

匠心思维放大镜

有人说，董礼涛的青春已输在了起跑线上。面对别人的否定，董礼涛是怎么证明自己的？你认为是什么品质让他获得成功的？

校。1992 年，刚工作 3 年的董礼涛就参加了公司工会组织的职工技能比武活动。连续几届，董礼涛都夺得冠军，先后获得了公司“铣工状元”“技术大王”等荣誉称号。27 岁时，他已成为公司最年轻的高级技师，并代表公司参加各类职业技能大赛，在磨砺技能中不断成长。

技术万花筒

铣　工

铣工是操作铣床，进行工件平面、沟槽、曲面等型面切削加工的人员。铣工不仅要能准确安装夹具、刀具，熟练操作铣床，还要精通量具的使用，掌握制件精度检验方法及误差分析技巧。即便使用相同的原料和刀具，不同铣工所达到的铣削精度也可能大相径庭。

很多大国重器的制造都离不开铣工的精湛技艺。因为，为了确保这些重型装备、大型装备顺畅运转，每一个零部件都必须经过精打细磨。齿轮、花键、涡轮成形等复杂工件的加工，都是铣工的拿手绝活儿。此外，在工具模具的制造过程中，铣工更是扮演着不可或缺的角色。

攻坚克难，勇攀高峰铸造大国重器

匠心思维放大镜

你是否也曾面对过看似无法逾越的难题？董礼涛用他的行动诠释了“知难不畏，绝壁可攀”的真谛。当你遇到挑战时，你会像董礼涛一样迎难而上吗？

“知难不畏，绝壁可攀”是董礼涛攀登技能高峰的真实写照。从当铣工的第一天开始，他就信奉一个准则：迎难而上，没有办法就想办法。凭借苦学钻研的劲头，董礼涛一路披荆斩棘，为我国装备制造业的高质量发展贡献了力量。

2020 年，重型燃机制造是哈电集团哈尔滨汽轮机厂需要攻克的一大难题。要在高压压气机的机匣上加工 48 个直径 1 毫米、深度 40 毫米的孔洞，难度极大。破解难题的关键是找到合适的钻头。凭借多年经验，董礼涛在一家刀具商店找到了刚好能满足孔深的钻头：一包 20 支，14 元钱，平均 7 角钱一支。有人质疑，这样的钻头能用吗？董礼涛没有退缩，他尝试在工件上其他可加工的部位进行切削参数试验，顺利完成了加工。“想要提高效率、攻克难题，首先要从思想上创新，并且不断思考。”董礼涛说。

匠心思维放大镜

即使是最不起眼的工具，也能在关键时刻发挥大作用。董礼涛凭借多年经验，找到了合适的钻头，并成功完成了加工，他的秘诀是什么？

西气东输、秦山核电站等国家重点工程中都有董礼涛迎难而上的身影。国产单机容量最大的秦山核电站 650 兆瓦核电汽轮机、首台国产百万千瓦超超临界汽轮机上，有他亲手加工的产品；他参与研制攻关的国产首台 30 兆瓦燃压机组摘取了我国装备制造业的多项“第一”，被誉为“装备制造业皇冠上的明珠”。

步履铿锵，带队勇担产业报国使命

董礼涛常说：“一个人的创新是小项目，一个团队的创新才是大项目；一个人的提高是小提高，一个团队的提高才是大提高。”成长为“大国工匠”后，董礼涛在传承中扛起产业报国使命。他经常对工作室的年轻人说：“处于开放的时代，就要打开门、伸出手，当今的制造不只是去加工。”

匠心思维放大镜

请结合你的学习经历和职业规划，谈谈如何认识团队的作用和创新的力量。

当年，董礼涛组建了铣工工作研讨小组。如今，这个小组已发展成为拥有 5 个工种、50 余名成员的技能大师工作室。他带领团队完成了近百项创新成果，获得了 28 项国家专利，并命名了 3 项操作法。董礼涛将多年来的铣床加工技法汇总梳理，汇编成册，在公司内部推广使用，成为公司生产一线铣工的实用加工指南。他还带领工作室的伙伴们，将数字技术不断融入生产制造中。他们通过不断研究固化加工方案，为数字化生产线提供精准的基础加工参数，为公司数字化转型贡献力量。

“大国工匠有大责任，更要有大担当、大作为。”董礼涛是这样说的，也

是这样做的。在由“中国制造”迈向“中国智造”的新征程上，董礼涛步履铿锵，以新时代奋斗者的姿态和干劲，为建设世界一流装备制造企业贡献新时代产业工人的力量。

劳模工匠说

如果没有真正感到累，就是还不够努力。努力不一定都会成功，但是一定会有收获。在以后的日子里，你一定会感到今天努力的重要性。

青春年华可以是一种资本，但是储存不了；在这大好时光里，不断提高生存能力，才是自己能掌握的财富。

——董礼涛

刘军华：以测量筑牢国家工程之基

刘军华

- 1973 年 12 月出生
- 毕业于铁道部第十五工程局技工学校
- 中铁十二局集团有限公司二级测量专家、中铁十二局集团第三工程有限公司副总工程师，中国铁建股份有限公司首席技师、工程师

摘星之旅

2006 年，荣获全国五一劳动奖章。

2006 年，被授予“全国技术能手”称号。

2012 年，荣获中华技能大奖。

2020 年，被授予全国劳动模范称号。

翻山越岭、精准测量，让中国测绘标准领军世界是他的追求。30 多年来，经他测量的路基、桥梁、隧道总长度达 3 000 多千米，相当于北京到三亚的距离，多项工程获中国土木工程詹天佑奖、建筑工程鲁班奖、国家优质工程奖。他就是被誉为“一测准”的中铁十二局集团有限公司测量专家——刘军华。

同学们，刘军华是怎样把测量工作做到最好，用匠心打造精品工程的？对于技工院校的学生来说，要想在技术这条路上走得更远，需要有哪些品质和能力？让我们走进刘军华的故事，从中寻找答案吧！

风雨兼程，用精度为国家级工程筑基

1994 年，刘军华从铁道部第十五工程局技工学校毕业，进入中铁十二局集团第三工程有限公司，从事测量工作。测量是工程施工的基础。为了掌握更精准的测量技术，刘军华利用业余时间“充电”，既丰富了专业知识，又提高了职业技能，很快补齐了短板，实现了测量工作“零”差错。

“零”差错，说起来容易，做起来却非常难。每天，刘军华都要重复数百

次看似简单的动作：打开三脚架旋钮，撑开脚架，让顶端中心点垂直于地面，再慢慢调整精平气泡，确保仪器处在与地面垂直的水平面上……要想确保每一次都是高标准，需要付出极大的耐心和毅力。

从忻阜高速的山林到南疆铁路的戈壁，从台缙高速的山区到海南文昌的火箭发射基地，都洒下了他辛勤测量的汗水。青藏铁路、京沪高铁、大西高铁、雅康高速公路等多项重大工程背后，都有他耐心专注的身影。他追求测量数据的极致准确，练就了“一测准”和“零”差错的本领，为国家重点工程保驾护航。

2020 年，刘军华被授予全国劳动模范称号。他说，自己的起点很低，从一名技工学校毕业生到全国劳动模范，他就只做了一件事：认认真真把各种建筑物的尺寸位置放样正确。

匠心思维放大镜

刘军华从一名技工学校毕业生成长为全国劳动模范的过程，充满了不懈的努力和持续的学习提升。他的成功之路给你带来了哪些启示？

技术万花筒

工程测量员

工程开工，测量先行。工程测量员是使用全站仪、水准仪、测深仪等仪器和设备，进行工程建设目标测量的人员。一个测量点的微小偏差，都可能引发连锁反应，导致无法估量的损失，可以说是“失之毫厘，谬以千里”，因此工程测量员常常被比作“工程之眼”。工程测量员的主要工作任务包括：选点，标识工程测量的控制点和目标点；使用工程测量仪器进行专项测量；进行外业观测和测绘成果资料的整理、概算，以及工程地形图数据的编辑处理；检验测量成果资料，提供测量数据和测量图件；维护保养仪器、设备、工具。

大胆创新，用“中国精度”打破国外垄断

刘军华感触最深的是随着时代的进步，干好测量工作的关键不在于“守旧”，而在于“创新”。他在总结工作经验的基础上，大胆进行创新。他用匠心和不停的脚步，书写着毫厘之间的传奇，让中国工程测绘标准领先世界。

在京沪高铁这一重大工程中，他带领团队研发了整套轨道板检测系统。

从模具的安装、检测，到轨道板的检测，再到软件的编写、工装的研发，他们攻克了一道又一道难关。最终，一套全新的、符合检测要求的 CRTS Ⅱ型轨道板检测系统诞生了。这套系统将德国技术原来的 2 毫米误差范围缩小到 0.3 毫米，不仅打破了德国在这一领域的垄断，还把“德国精度”提升为了“中国精度”。在海南文昌火箭垂直转运轨道工程中，他创新解决了世界第一条小半径、超宽轨距火箭垂直转运轨道高平顺性无法直接精准测量的难题，为航天工程的顺利实施作出了积极贡献。

匠心思维放大镜

刘军华凭借对“中国精度”的追求，一举打破了“德国精度”。你是否了解“中国精度”的意义？在学习和生活中，你如何践行对精确和完美的追求？

刘军华提到“想偷懒”逼出创新，你如何理解这一观点？在学习和生活中，你是否也有过类似的“偷懒”想法，最终转化为创新实践了吗？

多年来，刘军华牵头开发省部级工法 17 项，完成工艺创新 120 余项……有人问他：“这么多发明革新，是怎么想到的？”刘军华笑着说：“是因为‘想偷懒’逼出来的，测量要想提高效率，创新是最好的捷径。”

传道授业，用匠心培育新生力量

刘军华不仅是同事心中的技能大师，更是他们的“精神导师”，激励着每一个人勇于创新、建功立业。他深知，一个人的力量是有限的。因此，他更高的追求是“培养一代又一代热爱劳动、勤于劳动、善于劳动的高素质劳动者”。

“测量工作是一项相互配合极为紧密的工作，一人失误，满盘皆错。个人的技术再‘长’，也会因为队友的‘短’而损耗殆尽。”在刘军华眼里，团队合作至关重要。每到一处，刘军华都会毫无保留地把技术传授给身边的同事。作为刘军华技能大师工作室的带头人，他取得了近 150 项专利和工法等创新

成果，创造了8 500多万元的经济效益，还培养出了10多名国家级、省部级技术能手。

干一行，爱一行，钻一行，精一行。刘军华凭借过人的技术和坚定的信念，履行着自己的职责，展现着对事业的忠诚与热爱。工程中的每一个坐标、每一个原点，他都看在眼里、放在心上，因为这些都代表了“中国精度”。

匠心思维放大镜

刘军华对团队合作的看法对你有什么触动？在学习和生活中，你是否遇到过需要团队合作的情况？你是如何处理的？

劳模工匠说

一个人可以没有文凭，但不能没有知识和技能；可以不进大学殿堂，但是不能不学习；可以边干边学，把自己变成一本书，让别人把你当成一本书，把“死”知识变成“活”知识。

勤学苦练，做知识型职工；巧干会干，做创新型职工；恪尽职守，做敬业型职工；心系企业，做主人型职工；无私奉献，做文明职工。

——刘军华

卢兴福：守护万家灯火的『设备神医』

卢兴福

- 1974 年 12 月出生
- 毕业于贵阳电力技工学校
- 贵州电网有限责任公司贵阳供电局变电管理二所检修一班副班长，首席技师、正高级工程师

摘星之旅

2014 年，荣获全国五一劳动奖章。

2015 年，被授予全国劳动模范称号。

2016 年，被授予“全国技术能手”称号。

2018 年，荣获中华技能大奖。

“传承工匠精神，情系万家灯火”，是他始终坚持的工作态度，也是他的人生信条。他原本只是一名普通的技工学校毕业生，但后来成长为电力系统变电检修专家。他凭借过硬的专业技术，维护变电设备，守护电网安全。他多次解决生产中出现的疑难故障，承担电网系统的重大科研课题，他的每一次检修、每一次创新，都像点点星光，最终汇聚成照亮万家的璀璨光芒。他就是电力检修领域的“设备神医”——卢兴福。

同学们，卢兴福是怎么做到在工作中快速解决问题，成为守护万家灯火的“设备神医”的？他有哪些克服困难的秘诀？我们平时在学习中应该怎么践行工匠精神？让我们走进卢兴福的故事，从中寻找答案吧！

钻研：在思考中学习探究

在一次工作中，一台 110 千伏断路器突发故障，厂家技术人员从上午 9 点一直忙碌到下午 6 点，仍然未能找到问题的根源。晚上 9 点，卢兴福接到维修电话，赶到现场后仅用短短 15 分钟，就成功排除了这一棘手的故障。卢兴福回忆说：“接到电话时，根据电话那头介绍的设备型号、描述的故障情形，设备控制图、运行原理图立刻在我大脑里闪现，相关信息像放电影一样在脑子里过了一遍。挂掉电话，我对故障原因已有初步判断，到现场核实就能快速解决问题。”

卢兴福能够在短时间内准确找出问题并排除故障，与他的勤奋好学密不可分。他说：“这么多年，在攻克各种技术难题的过程中，研读专业书籍、不断学习是我的法宝。”1996 年，卢兴福从贵阳电力技工学校毕业后，如愿进入了电力行业。他一直利用业余时间学习，读过的专业书籍堆起来足足有 3 米多高。“时间花在哪里，成绩就出在哪里。”为了更好解决各种“疑难杂症”，他还深入学习继电保护、高电压技术、机械设计基础、金属材料、机械传动等跨专业、跨领域知识，力求做到触类旁通。

匠心思维放大镜

卢兴福利用业余时间坚持学习，不断积累知识和经验。你通常通过哪些途径来学习新知识？

卢兴福说："我平时最大的爱好就是琢磨电力设备和检修工具，时不时翻开设备结构说明书，结合出现的故障进行一番研究，想方设法解决设备问题、消除设备隐患、提高工作效率、节省人力。"他爱思考，遇到问题就查阅资料、请教专家，深入探究问题的根源和解决方案。卢兴福还有个习惯，每次解决设备疑难故障后，都会把过程详细记录在卡片上。近30年的一线工作中，他积累了600多张这样的"病历卡"，这些卡片现在成了变电检修的"秘籍"。

匠心思维放大镜

将积累的知识和经验记录下来，是一个很好的学习方法。想一想，你有记录知识和经验的习惯吗？准备如何培养这种习惯？

技术万花筒

变电设备检修工

变电设备检修工是使用工具、量具和仪器仪表，检修、更换、调试变压器、断路器、隔离开关、成套组合电器及直流装置等变电设备的人员。从业者需要有扎实的电气知识和丰富的实践经验。他们通过定期巡检和预防性维护，及时发现并处理潜在的故障，防止大规模停电。设备出现故障时，检修人员需迅速响应，用专业工具和技术手段进行故障诊断和修复，尽快恢复供电。他们还需要积极参与技术创新和设备升级，让电力系统更安全、更高效。变电设备检修工不仅需要高超的技术技能，更需要强烈的责任心和团队协作意识，他们是保障社会用电安全稳定的重要力量。

攻坚：在实践中发明创新

卢兴福在电力检修领域深耕多年，积累了丰富的专业知识和实践经验。他把这些知识和经验应用到创新项目中，为电力行业的技术进步和安全运行作出了重要贡献。他发明了隔离开关触指拆装工具，将原本需要2小时的拆装时间缩短到了15分钟。他还发明了10千伏开关柜接地线装拆装置，这个装置让原本耗时1~2小时的接地线装设工作，现在10分钟内就能完成。他研制的用于线路融冰短接的装置，大大提高了输电线路融冰工作效率，减小了劳动强度；他研制的35千伏电压互感器一次侧熔断器底座，使更换熔断器的时间由原来的2~3小时，缩短为5分钟就可以完成；他研制的智能跟随式水泥电杆安全带挂点装置，解决了在水泥电杆登高过程中，工作人员失去安全保护的难题。从2013年到2024年，卢兴福共研发创新成果38项，获得发明

匠心思维放大镜

面对检修工作中因设备结构原因造成的检修难题，卢兴福主动创新，研制出隔离开关触指拆装工具。这对你有什么启发？

专利23项。

卢兴福善于紧跟电网的发展方向，运用创新思维解决工作中遇到的各种难题。近年来，他还开发出了一系列智能化的创新成果。例如，他研发了基于人工智能的攀附式瓷片清扫装置，该装置能科学客观地识别瓷片的清扫效果。另外，他还基于高级佩特里网建模技术，研发了变电站主设备故障智能诊断及预测性维护技术，实现了实时监测运行断路器的多模态运行状态参数，为设备的运行状态评估和设备维修提供了可靠依据。

卢兴福的创新成果不仅显著提高了工作效率，缩短了电网恢复供电的时间，还极大地降低了技术工人在恶劣环境下的安全风险。他说："能够改进设备、解决问题，这就是我的价值。发明创新是一件行在当下、利在长远的事情，我愿意为此拼尽全力。"

传承：在教导中弘扬匠心

匠心思维放大镜

卢兴福的"五多一戒"学习方法对你有什么启示？

2013年，以卢兴福名字命名的技能大师工作室成立了，这里成为员工成长的摇篮、技术交流的平台、技能创新的家园。在这里，他毫无保留地将自己的专业知识和工作经验传授给年轻员工，耐心指导他们进行实践操作和故障排查。卢兴福将自己的学习方法总结为"五多一戒"，即多问、多想、多动、多总结、多动笔，戒自满。"身在一线，就要把根扎下来；干电力工作，苦点儿累点儿都不怕。"他常用这句话告诫并激励徒弟。这种扎根一线、吃苦耐劳的精神，深深感染了他身边的每一位员工。

卢兴福还积极弘扬工匠精神，鼓励年轻员工不断学习、不断进步。他探索出了"4F-OK家教"培训模式，即营造家庭（family）氛围、建立朋友（friend）关系、瞄准实际（fact）问题、面向未来（future）趋势，同时将实际操作（operation）和理论知识（knowledge）相结合。这一模式解决了传统培训形式单一、脱离实际的问题，为培养出一支精通业务、创新钻研的技能人才队伍作出了积极贡献。在他的教导下，一批批年轻员工逐渐成长为行业中的佼佼者，为电力检修事业的发展注入了新的活力。卢兴福自信地说：“我从来不怕‘青出于蓝而胜于蓝’。相反，徒弟、学员们有成就了，技术和技能才能更好地传承下去。”

劳模工匠说

技能的精进永无止境。我们要有十年磨一剑的毅力，择一事终一生的恒心。要耐得住寂寞、经得起打磨。无论在学校学习还是在工作岗位上，都要始终坚持对完美的不懈追求，养成终身学习的习惯，不断拓宽自己的知识范围，创新性地解决工作中遇到的问题，将每一个零件、每一道工序都做到无可挑剔。

坚守匠心，才能耐得住寂寞；磨炼匠技，才能勇于拼搏。你的每一滴汗水、每一分努力，都将成为技能提升的滋养、铸就精品的光芒。人生有梦，强国有我；为了民族复兴、人民幸福，让我们一起努力！

——卢兴福

张晨光：精湛技艺铸就『金牌产业工人』

张晨光

- 1975 年 1 月出生
- 毕业于晋煤集团技工学校
- 晋能控股装备制造集团成庄矿矿井维修电工，特级技师

摘星之旅

2010 年，荣获全国五一劳动奖章。

2010 年，被授予“全国技术能手”称号。

2015 年，被授予全国劳动模范称号。

2016 年，荣获中华技能大奖。

2017 年，被授予全国道德模范提名奖。

他扎根在矿井下，刻苦钻研矿山机电技术。他从一名技工学校毕业生成长为技能大师，从一位普通煤矿电工到全国劳动模范，书写了一段精彩传奇。他锲而不舍，勇攀技术高峰，用行动诠释了立足岗位、无私奉献的不懈追求。他就是晋能控股装备制造集团成庄矿矿井维修电工、特级技师，被誉为“亿元矿工”的技能大师——张晨光。

同学们，张晨光最初面对那些复杂的机电设备和枯燥的工作环境时，内心有着怎样的感受？他是怎么处理这些问题并一步步成为“金牌产业工人”的呢？让我们走进张晨光的故事，从中寻找答案吧！

初出茅庐给外国专家当帮手

1994年，张晨光从技工学校毕业后，进入了晋煤集团成庄矿工作。面对复杂烦琐的机电设备和枯燥的工作环境，他没有退缩，反而把这些看作是自己成长的阶梯。从拆装设备到接线调试，每一步他都走得扎实而坚定。这份坚持，为他后来的成功打下了坚实的基础。

有一次，主皮带变频器设备突然出现了故障。如果请外国专家来维修，煤矿至少需要停产一周，损失会很大。张晨光主动站了出来，他不仅准确找出了故障原因，还自己动手加工了配件，让设备很快恢复了运行。“面对如此先进、如此精准的PLC系统，我虽然生性内向，但不知道哪来的勇气，就跟领导说，想给外国专家打下手。一个刚走出校门不久的技工学校毕业生，想给外国专家帮忙，似乎是不可能的事，但领导也许是被我的真诚和认真劲儿打动，竟然同意了。”现在回想起来，张晨光还

觉得有点不可思议。

这次经历让张晨光的信心大增，他对机电设备维修更加着迷了。下班后，他经常留在维修车间，对着图纸，一台设备、一台设备地仔细研究它们的构造和容易出故障的地方。张晨光说：“那一刻，我收获了信心，也找到了人生的方向，就是要做一名优秀的矿井维修电工。”

技术万花筒

矿井维修电工

矿井维修电工是专门负责矿井电气系统维护的人员。他们的主要工作任务是保障井下电力设备、线路、控制系统等安全稳定运行。简单来说，矿井维修电工就像是矿井里的“电力医生”。他们每天戴着安全帽、背着工具包，穿梭在幽深的矿井里，检查和维修矿区的电力系统。这份工作需要练就像鹰一样敏锐的眼睛，快速发现隐患；需要掌握像工匠一样精湛的手艺，精准维修设备；还需要作出像消防员一样快速的反应，及时解决问题。每次成功排除故障，都像是为黑暗中的矿工们点亮了一盏生命之灯。矿井维修电工的工作，不仅保证了生产，更守护着每位矿工平安回家的路。

做“金牌产业工人”，不平庸度过年华

“做‘金牌产业工人’，不平庸度过年华”，这是张晨光的奋斗目标。为实现成为煤矿“金牌产业工人”的目标，他全心全意投入电工的工作之中。他把发现问题当作挑战，把研究改进当作乐趣，把攻克难题当作使命。

机会总是留给有准备的人。2009 年，在“兖矿杯”第三届全国煤炭行业职业技能竞赛中，张晨光一举夺得矿井维修电工第一名，荣获“全国技术能手”称号。张晨光从一名普通电工，成了名副其实的机电专家。他牵头组织和参与了 10 余项矿井电气自动化升级改造、机电设备更新换代和机电系统优化设计工作，完成了 EEP 仿真设计、井下人车电控自主设

匠心思维放大镜

张晨光把“做‘金牌产业工人’，不平庸度过年华”作为自己的奋斗目标，你从中得到哪些启发？

计等40多项技术创新。其中，多个项目获得了国家专利，达到了国际先进水平。他研发的“皮带远程监控系统”技术，实现了井下皮带的地面远程控制，优化了井下皮带的管理，每年节约人工成本上亿元。因此，他被誉为“亿元矿工”。

张晨光说：“推广开采自动化技术，就是要让机器多干活儿、工人少出力，用智慧去挖煤。”未来，他想要做的还有很多，那就是带领团队研发出更多的“中国创造”。

匠心思维放大镜

你认为，张晨光对未来的规划和展望将面临哪些机遇和挑战？

把高技能的“晨光”洒向更多的人

张晨光说：“如果说，起初是勤奋与钻研成就了我；那么，后来企业对高技能人才的重视与厚爱，更将我的人生推上了新高度。”有所成就后的张晨光，一心想着把所学所悟贡献给矿山，把高技能的“晨光”洒向更多人，为企业、为国家培养更多高技能人才。

匠心思维放大镜

张晨光有所成就后，为何选择将自己的所学所悟贡献给矿山？这反映了他怎样的价值观？

2009 年，张晨光开办了“机电工技术小课堂”。2011 年年底，晋煤集团创建了以他个人名字命名的大师工作室——晨光工作室。他肩负起培养企业新型高技能人才的重任。为了办好工作室，张晨光和团队成员一起，结合井下工作实践，自主编撰了一整套 50 多万字的实用教材。他们还创立了“四步培训法”：从现场问题入手，进行基础培训；从常见故障入手，开展实操培训；让学员互设故障，锻炼处理复杂问题的能力；进行内部比武，及时发现问题，有针对性地进行强化培训。

张晨光从一名普通工人，成长为煤炭行业机电系统的知名专家型技能人才，靠的是持之以恒的埋头苦干和精益求精的工匠精神。未来，他将带领团队继续钻研技术，为国家和企业培养更多高技能人才。

劳模工匠说

机遇总是给有准备的人。只有不断努力坚持，才能为未来打下坚实的基础；只有勇于面对困难和挑战，才能创造出卓越的成果；只有不断提升自己的能力和素质，才能承担起国家和企业赋予我们的使命。

用匠心来铸魂，用奋斗来作答。当你失败的时候，其实离成功只差一点点。

——张晨光

王刚：国防重器的『数字雕刻师』

王　刚

- 1979 年 3 月出生
- 毕业于沈阳飞机工业集团高级技工学校
- 中国航空工业集团有限公司（简称中航工业）沈阳飞机工业（集团）有限公司数控加工厂班长、铣工、中航工业首席技能专家，高级技师

摘星之旅

2008 年，被授予“全国青年岗位能手”称号。

2009 年，被授予“全国技术能手”称号。

2012 年，荣获全国五一劳动奖章。

2015 年，被授予全国劳动模范称号。

2016 年，荣获中华技能大奖。

2024 年，被授予“全国职工职业道德建设标兵个人”称号。

他加工的铝片能薄如纸张，厚度仅为 0.1 毫米；他操作的铣床，铣削精度能达到 0.005 毫米；他掌握的小孔铰削技术，更是将精度极限推至 0.002 毫米。这些成就不仅是数字上的飞跃，更是对“中国制造”精度的全新诠释。在微米级的精细领域，他如同一位微观世界的艺术家，用智慧和汗水，在坚硬的金属上雕刻出细致入微的杰作。他就是中航工业首席技能专家——王刚。

同学们，王刚工作之初是怎么想到要“精雕细琢，把每一件产品都当成艺术品”来做的呢？遇到技术难题时，他是怎么保持冷静，找到解决办法的？受王刚故事的启发，我们应该怎样学习和践行工匠精神呢？

千锤百炼，突破铣床精度极限

1999 年，王刚从沈阳飞机工业集团高级技工学校毕业，进入了沈阳飞机工业（集团）有限公司数控加工厂。刚进工厂的时候，王刚就立下志向要

成为厂里挑大梁的好工人。从那以后，铣床成了他最亲密的伙伴；那充满轰鸣和活力的厂房，成了他大展身手的梦想舞台。

匠心思维放大镜

王刚在刚工作时就定下目标，要精益求精，不断挑战自我极限。你是否也有自己的目标？王刚的目标对你有何启发？

“精雕细琢，把每一件产品都当成艺术品。”这是王刚一开始工作就给自己定下的目标。有一次，他参加一个参观学习交流会，得知展示的工件加工精度能达到 0.25 毫米，而自己当时只能做到 0.3 毫米，心里便暗暗较起劲来，“他们能做到，我们也能做得更好，一定要超过他们”。就这样，王刚花了数年时间，潜心钻研，反复模拟实践，终于迎来了自己技能上的新突破——铣床铣削加工的手工精度达到了 0.005 毫米。

凭借对加工技能的精益求精和极致追求，王刚逐渐成了铣削加工的行家。他探索出了小孔铰削技术绝活儿：只用一把铰刀，通过变换切削方法和冷却润滑介质，就能让加工的孔径在一定范围内微调。这一技术创造了机械加工领域的奇迹，为我国航空装备的发展作出了突出贡献。

技术万花筒

数控铣工

数控铣工是制造业中重要的技术工种，主要负责操作数控铣床进行精密零件的加工制造。可以说，数控铣工就是制造业的“数字雕刻师”，指尖在键盘上跳动，将冰冷金属化作精密零件。他们手握编程代码的“魔法棒”，指挥数控铣床以微米级精度雕刻飞机引擎叶片、汽车模具的复杂曲面，误差细过发丝。从钛合金航天部件到新能源汽车电池盒，每一道切削轨迹都凝结着智慧与匠心。在智能工厂的浪潮中，他们更驾驭五轴联动机床、3D 打印机等新科技，用数字化刀具为“中国智造”刻下铿锵印记。

攻坚克难，破解铣削“疑难杂症”

王刚既是一位技艺精湛的工匠，也是一位擅长解决难题的专家。他不但在薄壁加工和小孔铰削方面技艺超群，还擅长“医治”铣削加工过程中的各

种“疑难杂症”。

有一次，在修复处理某新型重点机型中的急件时，王刚遇到了技术难题。他查阅了大量科技文献和工艺书籍，还积极向工艺专家请教。最终，他创新出“不规则曲面装夹定位方法”，完美修复了零件。这一成果不仅避免了40余万元的经济损失，还保证了交付进度。

在北京某研究所，一项大型高精度箱体类零件的加工同样遇到了难题。王刚凭借独特的加工工艺，不仅保证了零件加工质量和精度，还将原本计划一个月的生产周期缩短至一周。

多年来，王刚一直在努力攻克技术难题和生产瓶颈，取得了显著成果，累计创造了600多项技术革新和工艺改进，获得了2项国家专利，提出了1 000余条合理化建议。为了“航空报国”的光荣使命，他迎难而上，不断攀登新的高峰。

匠心思维放大镜

在面对技术难题时，王刚是如何解决的？你在学习技艺的过程中，是否也遇到过一些难题？王刚的方法对你有什么启发？

匠心育才，矢志传承匠艺绝学

王刚明白，要想始终站在技术前沿，必须带动身边工友共同进步，发挥好“传帮带”的作用。有了王刚这样的榜样，整个团队在技术上不断取得新突破。他们共同努力，为国防事业贡献了自己的智慧和力量。

2010年，中航工业沈阳飞机工业（集

匠心思维放大镜

榜样的力量是无穷的。王刚作为带头人，以实际行动激励和鼓舞团队成员不断成长、进步。你的榜样是谁？请向大家分享一下榜样是如何引领你的。

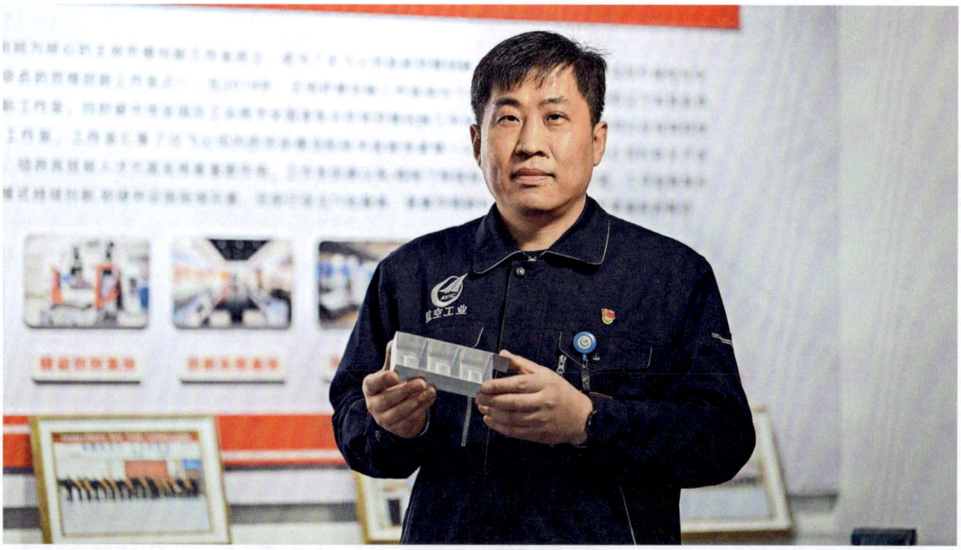

团）有限公司成立了第一个以员工名字命名的班组——王刚班。在不到 5 年的时间里，王刚班荣获了中央企业先进集体、全国“安康杯”竞赛优胜班组、全国工人先锋号等称号，年年迈上新台阶。王刚技能大师工作室成立后，工作室经常组织分析研讨日常生产工作中遇到的大大小小的难题，在技术方面充分发挥引领作用，并广泛开展技术培训，为厂内外技能人才知识拓展和技能提升提供了有力支持。

匠心思维放大镜

王刚的同事这样形容他，坚忍不拔、敢于拼搏、不服输、默默奉献。你认为王刚身上哪种精神最能体现工匠精神？谈谈你的体会和感受。

航空装备是高端装备制造的代表，被视为“国之重器”。作为技术工人，王刚时刻牢记自己的责任与使命，用精湛的技艺打造“国之重器”，充分展现大国工匠精神。

劳模工匠说

成功没有捷径，它需要一点一滴付出、脚踏实地努力、持之以恒坚持。

学无止境，行以致远。唯有心无旁骛、勤学苦练，立足岗位、深度锤炼才能练就精湛技艺；唯有精益求精、追求极致，敢于创新、勇于突破，才能攀越技术高峰；唯有初心不改、矢志前行，不求回报、倾力奉献，才能实现人生价值。

——王刚

易冉

在钢铁与火焰中绽放的『巾帼之花』

易　冉

- 1982 年 8 月出生
- 毕业于铁道部武昌车辆厂技工学校
- 中车株洲车辆有限公司制造中心电焊工、中车核心技能领军人才、中车电焊工首席技师，高级工程师

摘星之旅

2013 年，荣获全国五一劳动奖章。

2015 年，被授予全国劳动模范称号。

2021 年，被授予“全国技术能手”称号。

2023 年，被授予全国三八红旗手称号。

她以女性特有的细腻和坚韧，把焊枪当作画笔，在冰冷的钢板上描绘出炽热的图案。在无数次与高温、弧光的较量中，她不仅练就了一手精湛的焊接技艺，更以非凡的创新精神破解技术难题，为打造国家先进制造业高地贡献了自己的力量。她就是不让须眉的巾帼工匠——易冉。

同学们，面对艰苦的工作环境，易冉是怎么做到一直保持初心和动力的呢？她又是怎样在学习传统技艺的同时，还能积极地跟上焊接技术数字化、智能化的新潮流的呢？让我们走进易冉的故事，从中寻找答案吧！

大国工匠要有一流的岗位技能

15 岁那年，易冉进入了铁道部武昌车辆厂技工学校，开始学习电焊。她凭借一股吃苦耐劳的劲儿，取得了多项专业第一的好成绩。这些学习经历不仅为她打下了坚实的电焊基础，还培养了她坚忍不拔、精益求精的职业态度。易冉回忆说：“在学校学习的时候，我就特别注意培养做事精准的习惯。比如画机械制图的作业，每一根线条我都追求高标准，从来不马虎。”

匠心思维放大镜

易冉提到，她在技工学校学习期间就养成了高标准、严要求的学习习惯。在学习中，你是否也为自己设定了类似的学习目标和标准？

技工学校毕业后，易冉被分配到铁道部株洲车辆厂的底架转胎班，从此开始了她的电焊生涯。易冉所在的班组，工作环境很艰苦，劳动强度也非常大。“每人每天的焊接量达到 125 米，要消耗 30 千克焊丝，一天下来人都累得像散了架。”易冉说。

焊接过程中，最难受的就是飞溅和焊渣。飞溅能穿透衣物，直接灼伤肌肤。但为了焊缝的完美，焊接动作必须一气呵成，身体不能有一丝晃动。易冉只能强忍着飞溅附着在皮肤上从炽热到逐渐冷却的痛苦，甚至留下了许多疤

匠心思维放大镜

你如何看待未来工作中可能遇到的困难和挑战？你准备如何面对这些挑战？

痕。易冉所在班组的班长说：“刚开始，我还担心这么秀气的女孩子是否能忍受这样的辛苦，没想到她却是坚持得最久的。”

面对这些困难，易冉没有退缩，反而以更加坚定的决心、更坚强的意志投入工作中，逐渐崭露头角。短短3年，她从“技术铜星”晋升为“技术金星”；8年之后，她从普通青年工人成长为高级技师。易冉技术技能水平快速提升的原因，除了勤学苦练，还因为她善于思考。“我的小窍门儿是运用逆向思维，”易冉说，“师傅教我如何把焊条充分顶出去来消除仰板背面的凹陷时，我会特意观察焊条没顶出去时会造成什么缺陷。”

匠心思维放大镜

逆向思维是一种有效的方法，它可以帮助我们从不同的角度看待问题，找到潜在的解决方案。想一想，这种方法如何应用于你的学习或工作中。

技术万花筒

电　焊

电焊是利用电能，通过加热加压，使两个或两个以上的焊件熔为一体的制造工艺。在机械制造、建筑、能源、航空航天、汽车制造等多个领域中，电焊都扮演着至关重要的角色。它能够实现金属材料的永久连接，为各种金属结构的制造和修复提供可靠的技术手段。焊工是使用焊机或焊接设备焊接金属工件的人员，需要掌握识图知识、常用金属材料知识、常用金属材料热处理知识、焊接材料知识、焊接设备知识等，并具备精湛的焊接和焊接检验操作技能。同时，焊工还需要了解安全和环境保护知识，以确保作业过程中的安全。焊接作业过程中会产生高温、强光、有害气体和烟尘等。焊工还需要具备良好的身体素质和心理素质，掌握安全防护措施。

大国工匠要有一流的爱国情怀

2007 年，公司第一次向澳大利亚出口铁路货车。澳方用户提出严格要求：所有焊缝缺陷必须为零，大焊角与坡口不允许有丝毫弧坑。面对如此高标准，许多同事都望而却步，但易冉却勇敢地站了出来。她连续一周夜以继日地钻研，不断试验并优化焊接工艺。最终，她交出了完全符合标准的优质产品。外方监造人员对此赞叹不已，特意将她完成的焊缝标记出来，作为“示范焊缝”进行展示。易冉不仅助力中国铁路货车产品在国际市场上树立了卓越的品质形象，更为中国制造赢得了赞誉。

匠心思维放大镜

你在技能学习中是否也注重钻研和优化？你通常采取哪些方法来提升自己的技能水平？

2011 年 10 月，易冉被国家选派，与另外三位男同事一起前往德国，参加国际焊接比赛。赛场上高手云集，易冉是其中唯一的女选手。面对挑战，她沉着冷静。凭借精湛的电焊技艺，她赢得了组委会和观众的认可，荣获了唯一的“特别奖”。她的参赛作品——立焊板、平焊板，也获得了德国焊接协会的证书，并被公开展示。德国当地媒体还以“中国的‘电焊花木兰’”为题，对她进行了专题报道。

大国工匠要有一流的传承精神

作为中车核心技能领军人才，易冉深知自己肩负的责任和使命。她不仅努力钻研焊接技术，还致力于培养新一代的焊工。20 多年来，易冉成功完成

了8万多辆铁路新型货车的焊接交付。她带领团队参与了100多次公司焊接攻关项目试验，进行了60多项新材料焊接工艺评定试验，完成了近50个重载高速铁路货车技术创新，申报国家专利30多项。

易冉认为，智能制造会改善焊接工作环境，提高工作效率，也让产品标准化的道路越走越宽。在技艺传承中，她不仅注重传授传统技艺，还积极推动焊接技术的数字化、智能化升级。她带领团队开展技术研讨、赛前集训和新焊接技术推广等活动，不断提升团队的技能水平和创新能力。

匠心思维放大镜

在你的专业领域中，你认为有哪些新技术或新工具可以帮助提升工作效率和质量？

“每一次聆听习近平总书记的重要讲话，都能让我激发强大的工作动力，更加坚定为祖国建设和发展贡献力量的信心和决心。”作为劳模工匠代表，易冉受邀参加了庆祝中华人民共和国成立75周年招待会，激动不已。她表示，要在工作岗位上做好示范，持续创新，不断超越，努力培养出更多大国工匠。

劳模工匠说

劳模工匠故事随时代更迭而变化，深度赋能正当其时。

唯有胸怀技能报国之志，常守奋斗赤子初心，方能在时代浪潮中矢志不渝，绽放光芒！

——易冉

杨普：以奋斗织造美好生活

杨　普

- 1983 年 1 月出生
- 毕业于河北省劳动厅技工学校
- 石家庄常山恒新纺织有限公司恒盛分公司织造车间织布挡车工，高级技师

摘星之旅

2009 年，荣获全国五一劳动奖章。

2010 年，被授予全国劳动模范称号。

2012 年，荣获中华技能大奖。

2015 年，荣获中国青年五四奖章。

在织造车间里，她勤学苦练硬功夫，独创出多种操作法，培养出了百余名高技能纺织工。她一路成长，一路奉献。她将忠诚誓言编织进每一根经纬线中，将满腔匠心融入每一台织机里，书写着属于自己的纺织传奇。她就是从一名技工学校毕业生，到荣获中华技能大奖的“金牌工人”——杨普。

同学们，杨普是怎样实现不仅自己技艺高超，还教出那么多优秀的徒弟的呢？在学习和传授技艺的时候，她最看重的是什么？让我们走进杨普的故事，从中寻找答案吧！

行行都能出状元，挡车工成为大工匠

2000 年，17 岁的杨普从河北省劳动厅技工学校毕业，进入石家庄常山纺织股份有限公司棉四分公司，成为织造车间的一名挡车工。在纺织厂里，接线头儿是个考验技术的硬活儿。杨普刚开始在车下打结的速度比较慢，所以在车间技术比赛中没能取得好成绩。但这张不尽如人意的成绩单却激发了杨普的斗志，她想：“别人可以，我为什么不可以？”

“只要好好干，行行都能出状元。要想干好工作，就得苦练基本功。”在师傅的鼓励下，杨普暗下决心，一定要苦练技能。别人练习接 500 个线头儿，她就接 1 000 个；别人练 1 小时，她就练 3 小时。就这样，杨普把所有能利用的时间都用来练习操作技能，手几乎不离纱线。功夫不负有心人，时间给了杨普最好的回答。她的接线速度由最初的 1 分钟只能接 8 个，变成 1 分钟能接 35 个到 38 个，远远超过同行。

随着技术的提高，杨普走上了更广阔的技能舞台。她不仅在省市职业技能大赛上屡获佳绩，而且在 9 年多的挡车工岗位上，累计超产棉布 20 多万米，成为企业的生产标兵、同事们心中的“织布大工匠”。

匠心思维放大镜

谈到入行初期遇到的困难，杨普也曾打过退堂鼓。“最后自己还是决定要留下来，并且还要把这份活儿干好。”面对困难，杨普通过自己的努力和坚持，最终成为行业中的佼佼者，这对你有何启发？

技术万花筒

织布挡车工

想象一下，你面前有一台巨大的织布机，正以每分钟700转的速度“嗒嗒嗒”地织布，而你就像乐队的指挥家，既要让机器流畅演奏，又要随时揪出跑调的杂音——这就是织布挡车工的日常。织布挡车工是纺织厂里的“全能操盘手”，每天与轰鸣的织布机共舞：手指翻飞接断线、火眼金睛查布疵，像医生一样几分钟内“诊断”机器故障。她们既要适应高温噪声的环境，又要会调参数、看数据、操作智能屏幕。从传统机械到数控织机，她们用经验和科技守护每一米布的质量，是纺织流水线上“既拼手速又烧脑”的关键岗位。

创新不是高深莫测的，小岗位也有大创新

杨普头顶“技术能手”的光环，但她并没有停下创新的脚步。多年来，她在岗位上摸爬滚打，积累了丰富的经验。她不断探索新思路，创新操作法。她说：“创新对于我们国家的发展特别重要。在建设创新型国家的征程中，我们技术工人也是不可或缺的一部分。只有人人创新、处处创新，才能迸发出

更大的活力，创造出更多的成果。”

2007 年，杨普凭借丰富的知识积累和娴熟的技能，被企业选聘为最年轻的高级技师。在岗位上，她结合传统织机的操作法和生产经验，总结出了许多实用技巧，例如，“机上打结不超过 5 毫米”“双手交叉”“主动引纬”等操作技巧。她还创新了近 30 项操作法，包括“大提花织机操作法”“大提花增减经密操作法”“机下打结要领口诀”“七字断经处理法”等，这些操作法统称为“杨普操作法”，后来被写进了企业培训新员工的教材。

匠心思维放大镜

读了杨普的故事，你是否也感受到了创新的力量？在你的学习过程中，是否有过类似的创新尝试？分享一项你的小创新。

在杨普看来，创新不是高深莫测的。她认为创新就是用新方法、新思路去解决生产中的老问题和疑难问题。创新无处不在，无论是小发明、小改革，还是小改造，只要能提高生产效率、提升产品质量、减轻劳动强度，都是创新。

带徒传技，带领工友向高技能人才转型

匠心思维放大镜

杨普用自己的话诠释了劳动模范的含义，强调奋斗、拼搏和奉献。你认为劳模工匠应该具备哪些品质？

什么是劳动模范？杨普在给一所中学的孩子们讲课的时候，动情地说：“劳模就是奋斗、拼搏、在岗位建功立业，让青春闪光，为祖国奉献……”“带徒传技、创新创效”是杨普被授予全国劳动模范称号后的追求。

后来，企业为传承和弘扬劳模精神、劳动精神、工匠精神，以杨普的名字命名了杨普工作室。杨普说：“工作室的建立，给了我一个新的舞台，让我有了更高的目标，也更加坚定了我扎根企业、为纺织事业奉献的信心和决心。”

这些年，杨普主导开展企业员工成才的“传帮带”活动，为企业培养了百余名操作技术精湛的新工人，带动更多徒弟和工友向知识型、技能型、创新型的高技能人才转型。她带过的徒弟技能提升迅速，看织布机的能力从每人能看 9 台，提高到每人能看 12 台或 18 台，她们都成了企业需要的能工巧匠。

纺织工业是民族工业的重要组成部分，杨普用自己的光照亮了每一台织布机，她不仅“织入”了对技艺传承的无限热爱和执着追求，还“织出”了自己的璀璨人生，更“织就”了民族工业的崭新篇章。

劳模工匠说

技能是产业工人的本钱，产业工人靠的是技术，拼的是态度。学技术、练技术，有时很苦，但不能怕苦！

新时代的技术工人要时刻保持一颗“创业”之心，争当“创客”。把岗位工作当自己的事业来经营，把产品当作品来打磨，这就是工人的“创业”；面对技术难关，勇于创新、善于创新，创新更能创效，这就是工人的“创客”。

——杨普

陈行行：用极致书写精密人生

陈行行

- 1989 年 10 月出生
- 毕业于山东技师学院
- 中国工程物理研究院机械制造工艺研究所加工中心操作工，高级技师

摘星之旅

2014 年，被授予“全国技术能手”称号。

2014 年，被授予全国优秀共青团员称号。

2015 年，荣获全国五一劳动奖章。

2019 年，被评为 2018 年“大国工匠年度人物”。

“这个世界不需要知道我的名字，但我参与的事业却让世界惊叹。”他从事的是高精尖产品的机械加工工作。在他的世界里，没有浮躁的喧嚣，只有对技术的满腔热爱和对国家的深深忠诚。他就是将青涩年华化为多彩绽放，在加工平台上，用极致工艺书写精密人生的大国重器零部件加工专家——陈行行。

同学们，在技能成才、技能报国这条路上，陈行行的动力来自哪里？是对技艺的痴迷、对国家的深情，还是希望不断挑战自己，超越自我？让我们走进陈行行的故事，从中寻找答案吧！

我的奋斗目标就是成为一名优秀的技术工人

陈行行出生在山东济宁微山湖畔的小乡村。初中毕业时，他选择了上技工院校。谈到当初的选择，他说：“我的奋斗目标就是成为一名优秀的技术工人！”

为了实现这个目标，陈行行在校期间学习了电工、焊工、钳工、数控车工、数控铣工、加工中心操作工、制图员等多个职业（工种）的技能，并考取了相应的职业资格（技能等级）证书。同时，他还学习了模具设计方面的

匠心思维放大镜

有目标就有方向。有了奋斗目标后，陈行行一步一个脚印，把自己历练成了一名数控加工领域的能工巧匠。想一想，你的奋斗目标是什么？

技能大赛是陈行行成长道路上的一块重要磨刀石。你参加过哪些比赛？对你有什么帮助？

知识。除了努力学习，陈行行在学生时代还找到了一条快速成长的途径，那就是参加地方和全国的技能大赛。2008 年以后，他先后参加了十余次不同级别、不同层次的技能大赛，每次都取得了优异成绩。

相比于书本知识学习，参加技能大赛有个很大的好处，就是能进一步提升实践技能。陈行行深有体会地说："比赛是技能人员快速成长的通道。"他通过不断学习和参加比赛，一次次刷新着自己的人生纪录。在不到 6 年的时间里，他从高级工晋升为技师，再晋升为高级技师。年仅 29 岁，他就被评为 2018 年"大国工匠年度人物"。

技术万花筒

数控加工技术

数控加工技术是由控制系统发出指令使刀具做符合要求的各种运动，以数字和字母形式表示工件的形状和尺寸而进行的加工技术。其核心原理是：利用预先编写好的数字化指令（程序）来操控机床（如铣床、车床、钻床等），驱动刀具或工件按设定路径运动，从而对金属、塑料、木材等材料进行高精度的切削、钻孔、雕刻等加工，最终形成符合设计要求的零件或产品。通俗而言，数控加工就像是用计算机控制的"智能机器手"来加工材料，核心是用计算机程序指挥机器自动干活儿，取代传统手工操作，让生产更精准、更高效。

高科技产品更需要高技能人才

2011 年，陈行行与中国工程物理研究院结下了不解之缘。在研究院，博士、科学家设计出来的高科技产品，也需要高技能人才制作出来。陈行行就承担着这样的任务，每天操作着高精尖的数控设备，生产着国防尖端产品。

陈行行是一位多专一精的技术技能复合型人才。在数控加工中心操作中，他精通多轴联动加工技术、高速高精度加工技术，还擅长参数化自动编

程技术。特别值得一提的是，他能用比头发丝还细 0.02 毫米的刀头，在直径不到 2 厘米的圆盘上打出 36 个小孔，这难度就像用绣花针在米粒上雕花一样大。在他的精心加工下，用在某尖端武器装备上的薄壳体合格率从难以逾越的 50%提升到 100%。此外，他还成功实现了某分子泵动叶轮叶片的整体加工，将加工时间从原来的 9 小时缩短到 2 小时……

在陈行行的职业生涯里，他遇到了很多挑战。凭着一股不服输的韧劲儿，每当面对重要型号产品生产的艰巨任务时，陈行行总是想尽办法，把不可能的事变成可能。“高科技产品更需要高技能人才！”陈行行常说：“人生只有一次，不拼怎么会精彩？我要凭着实力和勇气，大声说出‘我行’！”

制造强国路上，技能青年必定大有可为

陈行行无私又豁达，他从不把机械加工的绝活儿藏着掖着。加工的原理和方法，大家都知道，但那些靠工作积累的经验和绝招儿，往往是独家的，不轻易外传。可陈行行却打破常规，把自己探索出的方法都分享给同事们，可谓倾囊相授。

对于新职工，陈行行手把手地教，从看图纸到操作机器，从加工零部件

到使用工装夹具，每个步骤、每个细节他都讲解得很详细。很多关键环节，他还分享了自己摸索出的小绝招儿，以帮助新职工快速掌握加工方法。他多次应邀到一些单位举办的技能培训班上授课。2015 年，他还被国家级高技能人才培训基地聘为特约讲师。2019 年，陈行行数控加工技能大师工作室成立。

陈行行说，他这么做是因为坚信，“在制造强国的道路上，技能青年必定大有可为，也必将大有作为”。制造强国的伟业，需要一大批掌握高技能的人才去共同完成！

匠心思维放大镜

面对机械加工领域的诸多绝活儿与绝招儿，陈行行为何选择打破壁垒，将探索所得倾囊相授？

劳模工匠说

技能是技工学校毕业生逆袭的底气。干一行，就要像焊枪与钢铁对话般投入热爱；专一行，就要在 0.01 毫米的误差中追求极致。别怕重复与枯燥，正是这些“笨功夫”让平凡岗位开出创新之花。

技能不仅是谋生手段，更是强国之基。技工学校毕业生要学会“两条腿走路”：一手夯实传统技艺，一手拥抱人工智能、智能制造等前沿领域，让“老手艺”焕发“新生命”。

——陈行行

宋彪：登上世界技能之巅的青年工匠

摘星之旅

2017 年，荣获第 44 届世界技能大赛工业机械装调项目冠军。

2017 年，荣获第 44 届世界技能大赛最高奖“阿尔伯特 · 维达奖”。

2019 年，被授予“全国技术能手”称号。

2019 年，荣获中国青年五四奖章。

宋　彪

- 1998 年 11 月出生
- 毕业于江苏省常州技师学院
- 江苏省常州技师学院智能装备学院教师

手指翻飞如蝶，呼吸与机械同频，他19岁就站上了世界技能大赛的最高领奖台。凭借扎实的功底和精湛的技术，他成为第一个获得世界技能大赛最高奖“阿尔伯特·维达奖”的中国人。毕业后，他留校任教，从“圆梦者”华丽转身为“筑梦者”，带领更多青年学子走技能成才、技能报国之路。技能改变了他的人生，成就了他的梦想，他就是新生代工匠中的佼佼者——宋彪。

同学们，在技师学院学习期间，宋彪是如何经过层层选拔，最终参加世界技能大赛的？毕业后，他为什么选择留校任教？技工院校的学生应该如何以宋彪为榜样，更好地实现自己的职业理想呢？让我们走进宋彪的故事，从中寻找答案吧！

原来人生还有这样一种方式

“中国！中国！中国！”2017年10月19日，19岁的宋彪手捧“阿尔伯特·维达奖”的奖杯，面向全场观众，纵情呼喊自己的祖国。那一刻，全场沸腾，人们为宋彪欢呼，为中国喝彩。其实，当宋彪从世界技能组织主席西蒙·巴特利手中接过奖杯时，既激动又意外，完全没有想到，自己不仅摘得了第44届世界技能大赛工业机械装调项目的金牌，还是来自68个国家和地区的1 260余名参赛选手中，得分最高的一位。这是自1950年世界技能大赛正式设立以来，中国人首次获得这一最高奖项。

工业机械装调，是现代智能制造的重要环节，要求技能人才掌握钳工、焊工、车工、铣工、工业装配等多项技能。在世界技能大赛中，工业机械装调项目被认

为是对选手能力挑战最大的项目之一。

第 44 届世界技能大赛的工业机械装调项目决赛分 4 天进行。选手们需要在 20 个小时的比赛时间里，制作并调试一台脚踏式净水器。前 3 天，宋彪顺利完成了焊接、机械加工、电气预防性维护等项目。但在决赛的最后一天，他突然被告知，前一天的比赛计时出了问题，他要比其他选手推迟半个小时入场。

时间紧张，宋彪顾不上争辩，迅速调整状态。他暗示自己要冷静下来，重新制订比赛计划，同时，快速在脑海中梳理了任务的每一个细节。那天的赛场上，宋彪的动作飞快，甚至“看不见影子”，尽管晚赛了半小时，但他最终还是提前 13 分钟完成了装配，成为当天第一个完成比赛的选手。

匠心思维放大镜

在决赛现场突然被告知需要推迟上场后，宋彪及时调整了自己的心态和比赛计划。你认为，他的临场应变体现了哪些素质？

比赛结束后，宋彪看着自己用 4 天时间做出的净水机，忍不住尝了尝净化后的水。“水真甜，”宋彪说，“原来人生还有这样一种方式，拥有精湛的技能，一样可以让生命熠熠生辉。”

技术万花筒

世界技能大赛

世界技能大赛由世界技能组织举办，被誉为“技能奥林匹克”，是世界技能组织成员展示和交流职业技能的重要平台，也是目前世界上地位高、规模大、影响力广的国际职业技能赛事。世界技能大赛以促进青年人和培训师职业技能水平提升为目标，每两年举办一次。在每个参赛项目中，每个国家只能选派一名（组）选手参赛，绝大多数参赛选手年龄在大赛当年不得超过 22 周岁，部分竞赛项目放宽到 25 周岁。2026 年 9 月，第 48 届世界技能大赛将在中国上海举办。

世界技能大赛，直接比拼的是选手实操能力，背后比拼的则是一国产业发展水平与技能人才素质。我国于 2010 年加入世界技能组织，2011 年首次参加世界技能大赛，到 2024 年已参加了 7 届。2024 年 9 月，在第 47 届世界技能大赛中，中国代表团以 36 枚金牌、9 枚银牌、4 枚铜牌和 8 个优胜奖，位居金牌榜、奖牌榜和团体总分首位，并再次荣膺“阿尔伯特 · 维达奖”。

不拿好笔杆，就拿好工具

以技能成就梦想，这是宋彪对自己成功的定义。1998年11月，宋彪出生在安徽省蚌埠市怀远县的一个小乡村，他的父亲是一名机械加工工人。每到假期，宋彪就会跟在父亲身后，耳濡目染之下，他从小就和机械加工结下了深厚的缘分。初中时期，宋彪已经可以自己动手，用设备加工制造一些简单的零件了。

2014年，中考结束后，宋彪的成绩并不理想，没有考上理想的高中。这时，他面临着一个选择："上普通高中，还是上技工院校?"宋彪心里很纠结。父亲和他进行了一次深入的交谈，从人生经历聊到未来理想，父亲鼓励他说："如果不拿好笔杆，就拿好工具。"父亲的话，为迷茫的宋彪指明了学习的方向。"小时候，我就喜欢拆装父母给我买的玩具和机械式闹钟，很享受那个过程。而且，我的父母都是技术工人，他们是我的榜样。我觉得上技工院校、掌握一门手艺更适合我。"带着这样的想法，宋彪报考了江苏省常州技师学院，成为机械工程系模具制造专业的一名学生。

宋彪的动手能力很强，对所学专业特别感兴趣。因为喜欢，他课余时间总是守在实训室，仔细琢磨专业技能。很快，成绩优异的宋彪获得了参加学校技能比赛的机会，并且取得了第二名的好成绩，因此进入了学校集训队。进入集训队后，宋彪训练更加刻苦。每天完成8～10小时的训练任务后，他还会主动加练2小时。暑假时，宋彪参加了第44届世界技能大赛江苏省选拔赛。那时，实训室里温度经常高达40℃，但他依然顶着高温苦练。即使脖子被电弧灼伤，他也没有休息，而是带着伤坚持训练了1个月。

功夫不负有心人，宋彪最终以第一名的成绩赢得了代表江苏省参加全国选拔赛的机会。在接下来的10个月时间里，经过一轮又一轮的淘汰选拔，宋彪始终保持着第一名的成绩。最终，他成为代表国家出战第44届世界技能大赛工业机械装调项目的唯一正式选手。

匠心思维放大镜

进入世界技能大赛的国家集训队后，宋彪以高于世界技能大赛的技术标准、检测标准和体能强度刻苦训练，技能水平和心理素质都有了显著提高。在你看来，是什么激发了宋彪高昂的训练热情，让他能够全身心地投入备战呢?

我想带领更多的青年人走上技能成才之路

成为世界冠军后，宋彪收到了许多企业的高薪邀请，但他却选择了留校任教，成为江苏省常州技师学院最年轻的教师。他说："我想以教师的身份，培养更多的技能人才，以技能报国，带领更多青年人走上技能成才之路。"

宋彪比赛经验丰富，他总是毫无保留地把这些经验融入日常教学中，帮助学生少走弯路。当年他对待比赛的严谨态度，如今也体现在了对学生的要求上。宋彪坚持认为，工匠精神要渗透到每件产品、每道工序中，"差不多就行"的心态要不得。他经常对学生说，学技能要有严谨的态度，就像零部件，只有好与不好，合格与不合格，没有"差不多"。工匠精神不仅要求刻苦钻研、一丝不苟，更体现为做好日常每一件小事，并坚守到最后。

"我是技能的受益者，要用亲身经历和真情实感，吸引更多青年加入技能队伍，让他们对技能成才充满信心，用技能成就梦想！"宋彪满怀希望地说。他期待未来能培养出更多的能工巧匠，也希望越来越多的学生能够超越自己。

匠心思维放大镜

从学生到留校任教，宋彪希望把所学技能传授给更多有梦想的年轻人。从他的经历中，你能得到哪些启发？新一代技能人才想要让人生出彩，需要做好哪些准备？

劳模工匠说

无论是拿起笔杆书写精彩，还是运用工具铸就辉煌，都需要我们珍惜青春时光，拒绝懈怠态度。

我们要把"执着专注、精益求精、一丝不苟、追求卓越"的工匠精神铭记于心，携手并肩，踏上制造强国的新征程，在那里施展抱负、建功立业。

——宋彪

后　记

《从技工院校走出的劳模工匠》收录的20位劳模工匠撰写了“劳模工匠说”栏目寄语，并提供了书中配图。本教材在编写过程中，参阅了大量历史资料和权威媒体报道；本教材收录的劳模工匠及其所在单位，多次精心审阅相关内容，提出了宝贵修改意见和建议，他们的意见和建议为本教材的进一步完善提供了有力保障；对本教材的编写、出版提供过帮助的同人和社会各界朋友还有很多，在此一并表示诚挚的谢意。

为方便教师教学，本教材配套资源可登录技工教育网（https://jg.class.com.cn）下载使用。

由于水平所限，书中可能有疏漏之处，敬请专家学者和广大师生在使用过程中提出宝贵意见，以便我们今后加以修订完善。请将相关意见和建议反馈至邮箱：ggk@class.com.cn。

2025年6月